# LIVRE DE POCHE

DU

# LIQUORISTE

## 300 MOYENS OU RECETTES.

### PRIX 6 FRANCS.

DÉPOSÉ.

DÉDIÉ

## à Messieurs les brasseurs,

par la Rédaction du MONITEUR DE LA BRASSERIE.

### 1870

# LIVRE DE POCHE

## DU

# LIQUORISTE

—

## 300 MOYENS OU RECETTES.

---

### PRIX 6 FRANCS.

---

— DÉPOSÉ. —

---

## DÉDIÉ

# à Messieurs les brasseurs,

par la Rédaction du MONITEUR DE LA BRASSERIE.

—

## 1870

# LE LIVRE DE POCHE
## DU LIQUORISTE.

## FABRICATION DES LIQUEURS.
### Considérations générales.

En général, ou comprend sous la dénomination de liqueurs, des boissons spiritueuses composées d'alcool, de sucre, d'aromates et d'eau, dont les proportions varient selon le genre et la qualité des liqueurs que l'on veut préparer.

Il y a trois manières principales de fabriquer les liqueurs, qui sont : la distillation, l'infusion ou macération et le mélange des eaux distillées et essences avec l'alcool.

Le premier procédé est le meilleur pour la plupart des liqueurs, en ce qu'il a la propriété de combiner plus intimement les différents éléments des plantes.

Le second consiste à soumettre les substances aromatiques à l'action d'un liquide quelconque (alcool, eau ou sirop), avec ou sans le secours de la chaleur; l'opération prend, selon le cas, le nom d'infusion lorsqu'elle est produite avec le secours de la chaleur, et le nom de macération lorsqu'on n'emploie pas la chaleur dans l'infusion.

Le troisième a lieu par la dissolution dans l'alcool d'une ou plusieurs essences, ou par le mélange d'une ou plusieurs eaux aromatiques distillées qui servent à le parfumer.

On divise ordinairement les liqueurs en quatre classes principales, qui sont : les liqueurs ordinaires, les liqueurs demi-fines, les liqueurs fines et les liqueurs surfines. Ces distinctions reposent sur les proportions respectives de sucre, d'alcool, d'eau et d'aromates ou parfums.

On désigne aussi sous le nom de *liqueurs simples* toutes celles qui sont le produit de la première distillation d'une matière muqueuse et sucrée, mais après lui avoir fait subir un mouvement de fermentation plus ou moins longtemps prolongé; tels sont l'eau-de-vie, le rhum, le rack, le kirsch-wasser, et si, avec ces premiers produits, on distille une ou plusieurs autres substances aromatiques; qu'on les étende ensuite avec de l'eau ordinaire; qu'on y ajoute une plus ou moins grande quantité de sucre ou de sirop, on obtient des *liqueurs composées*. Lorsqu'on ne les met qu'infuser à la température de l'atmosphère, et pendant un temps plus ou moins long, on les désigne sous le nom de *ratafias*. Les fabricants de liqueurs vendent encore, sous la dénomination d'*huiles*, de *crêmes*, d'autres liqueurs plus ou moins diversifiées, mais elles ne diffèrent des précédentes que par la quantité de sucre; leur composition et leur fabrication sont absolument les mêmes.

Lorsqu'on emploie des bois, des racines, des résines et autres substances ligneuses pour la fabrication des liqueurs, il faut les concasser, les râper ou les réduire en poudre; les fleurs et les feuilles aromatiques doivent être employées fraîches; on doit les laisser macérer dans l'alcool pendant au moins 24 heures avant de procéder à la distillation. On doit aussi ajouter à l'alcool, au moment de distiller, un volume à peu près égal d'eau, afin qu'arrivées à la fin de l'opération, les matières ne brûlent pas, que le produit soit exempt de mauvais goût et plus concentré, ce qui serait impossible sans l'addition de l'eau. L'alcool qu'on emploie doit être de bonne qualité et peser 86 degrés centigrades. On retire de la distillation la quantité d'alcool qu'on a mise, c'est-à-dire que si on met 8 litres d'alcool, on retire 8 litres d'esprit parfumé, après quoi la distillation est finie. On remonte alors l'alambic sans mettre le bain-marie, afin que les vapeurs qui s'élèvent de l'eau bouillante lui enlèvent l'odeur que les aromates lui ont communiquée pendant la distillation.. On ,aura aussi soin de faire passer un peu d'eau bouillante dans le serpentin afin de le dégager de toute odeur.

Quant aux liqueurs pour la fabrication desquelles on n'emploiera pas la distillation, on procèdera ainsi qu'il sera expliqué dans leurs recettes.

Avant d'opérer le mélange on aura dû faire fondre le sucre indiqué dans chaque recette, en y ajoutant environ la moitié de son poids d'eau; on met le tout dans une bassine ou un chaudron sur le feu et, à l'aide d'un feu vif, on opère la fusion, on retire ensuite du feu et on le met refroidir dans une terrine.

Il est quelques personnes qui clarifient le sirop ci-dessous, ce qui est à peu près inutile, vu que la filtration retient toutes les matières étrangères qui se trouvent dans le sirop; si on voulait cependant le clarifier, on procèderait ainsi qu'il sera dit au sirop de sucre.

Le sirop étant refroidi et la distillation ou les infusions obtenues, on procède au mélange qui doit toujours se faire à froid et dans un vase que l'on puisse fermer hermétiquement, en opérant de la manière suivante :

Mettez d'abord dans un vase l'alcool distillé ou

parfumé, puis l'alcool sans parfum, s'il y en a à ajouter, et mélangez; mettez ensuite le sirop et mélangez encore, ajoutez enfin la quantité d'eau nécessaire pour arriver à la quantité que vous voulez faire et remuez un moment afin de bien opérer le mélange. Si la liqueur a besoin d'être colorée, versez dans une cuillère un peu de teinture colorante et mélangez de nouveau la liqueur, prenez ensuite un verre pour voir si la couleur convient, si elle n'est pas assez foncée, vous ajoutez un peu plus de teinture colorante, en agitant toujours et ainsi de suite jusqu'à ce que vous ayez obtenu le degré de couleur que vous désirez. Afin que la nuance de la liqueur colorée ne puisse changer, vous ferez bien d'ajouter une dissolution de 4 grammes d'alun de Rome fondu dans un demi verre d'eau; cette opération étant terminée, procédez à la filtration.

### Manière de filtrer les liqueurs.

Voici le moyen le plus convenable pour filtrer toutes espèces de liqueurs :

Prenez une chausse en feutre ou en molleton de laine, attachez-la après quatre filets pour la suspendre, soit sur des chaises à l'aide de deux bâtons, soit encore au moyen d'un cercle en fer qui se tienne après le mur au moyen d'une grappe. Il serait préférable de suspendre la chausse dans un entonnoir à filtrer que l'on introduirait dans le cercle en fer dont il vient d'être parlé.

Pour filtrer telle quantité de liqueurs qu'il vous plaira, prenez trois ou quatre feuilles de papier non collé dit papier à filtrer, faites-le dissoudre en le chiffonnant feuille par feuille dans un vase quelconque où vous aurez mis 2 à 3 litres d'eau, réduisez-le en bouillie en le battant avec un morceau de bois, ou, mieux encore, pilez-le dans un mortier de marbre ou de pierre ; lorsqu'il est en bouillie bien claire, c'est-à-dire bien délayé dans de l'eau et qu'il ne reste aucun grumeau, versez-le sur un tamis ou un linge afin de retirer l'eau, pressez le papier entre les mains jusqu'à ce qu'il ne reste plus d'eau, mettez-le ensuite dans à peu près un demi-litre de liqueur et remuez-le de nouveau jusqu'à ce qu'il soit encore revenu en bouillie bien claire et sans aucun grumeau, ajoutez de la liqueur, de manière qu'il y en ait suffisamment pour remplir la chausse en ayant toujours soin de mélanger, versez-le alors promptement dans le filtre afin que le papier s'attache également sur toutes les parois de la chausse et remplissez le filtre au fur et à mesure qu'il se vide en passant et repassant le liquide à plusieurs reprises, jusqu'à ce qu'il devienne clair et transparent, vous pouvez alors abandonner l'opération à elle-même.

Il est nécessaire d'avoir des chausses qui ne soient pas confectionnées avec des étoffes de laine, comme c'est l'habitude, mais feutrées avec du castor, et adaptées à un entonnoir de fer-blanc, surmonté d'un couvercle pour ne rien laisser échapper de la substance aromatique. Lorsqu'on est obligé de rendre les liqueurs très-diaphanes, on peut enduire toute la surface interne de la chausse avec la colle dont nous allons donner la composition ; lorsque le tiers du produit a passé par le filtre, on le rejette sur ce qui reste, parce qu'il n'est jamais aussi limpide au commencement que sur la fin de l'opération.

Voici la manière de préparer la colle pour les liqueurs :

Après avoir choisi de la colle de poisson bien sèche, claire et transparente; après l'avoir coupée aussi menu que possible, on la fait dissoudre dans du vin blanc, en agitant avec des brins-d'osier, jusqu'à ce qu'elle soit parfaitement liquéfiée ; mise ensuite dans des bouteilles, on la conserve pour l'usage. Lorsqu'on veut s'en servir, on retourne la chausse, et avec un pinceau ou une éponge, on la recouvre d'une légère couche de cette solution ; ensuite, après l'avoir assujettie par le moyen d'un cercle en fer, fixé dans le mur à trois ou quatre pieds de hauteur, on arrête l'entonnoir, on y verse la liqueur, la première qui passe est jetée sur ce qui reste, jusqu'à ce qu'elle arrive parfaitement claire et transparente; on remplit à mesure que la chausse se vide, et l'on reçoit la liqueur dans des bouteilles ; c'est le meilleur moyen pour obtenir un produit continuellement clair et limpide jusqu'à la fin, sans rien perdre de la partie aromatique par l'évaporation.

On doit toujours avoir une certaine quantité de chausses, afin de ne pas filtrer une liqueur blanche dans une chausse qui a servi à filtrer une liqueur rouge ou d'un parfum qui pourrait lui nuire.

Lorsque l'on a de petites quantités de liquides à filtrer, il est plus commode et plus simple de se servir de papier à filtrer connu sous le nom de papier Joseph, que l'on plie de manière à ce qu'il forme un cône pointu et plissé que l'on dispose dans un entonnoir en verre ou en ferblanc.

Les liqueurs doivent être conservées dans un local où la température ne soit ni trop chaude ni trop froide et à l'abri du soleil et de la lumière, qui attaquent vigoureusement les couleurs.

*Proportions ordinaires pour la fabrication de vingt litres de liqueur par distillation.*

Liqueurs surfines.  Alcool à 86° 8 lit. Sucre 10 kilogr.
—    fines.      —     7 lit. Sucre  7 k. 500 gr.
—   demi-fines.   —     6 lit. Sucre  5 kilogr.
—   ordinaires.    —     5 lit. Sucre  2 k. 500 gr.

Les proportions ci-dessus sont variables dans la fabrication de certaines liqueurs; il sera indiqué aux recettes de celles-ci les changements qu'elles doivent subir.

Quant aux liqueurs sans distillation, elles exigent moins d'alcool, attendu que la distillation enlève à l'alcool une certaine partie de sa force, dont il faut tenir compte. Afin de rendre la marche plus facile à suivre, il sera indiqué dans chaque recette la dose d'alcool et de sucre que doivent contenir les liqueurs.

## Recettes pour la fabrication des liqueurs surfines par distillation.

Les quantités indiquées dans les recettes que nous donnons s'appliquent à la fabrication de 20 litres de liqueurs.

### *Anisette de Bordeaux.*

Anis vert.    .   .   .   .   .   500 grammes.
Anis étoilé (badiane) .   .   .   130

| | |
|---|---|
| Cannelle de Ceylan. . . . . | 20 grammes. |
| Noix muscades. . . . . . | 10 — |
| Iris de Florence. . . . . . | 20 — |
| Amandes amères . . . . . | 30 — |
| Girofle . . . . . . . . | 20 — |
| Racines d'Angélique . . . . | 25 — |
| Dictam de Crète . . . . . | 15 — |
| Coriandre . . . . . . . | 15 — |
| Zestes de citrons frais . . . . | 50 — |
| Zestes d'oranges douces, fraîches. | 30 — |

Concassez toutes ces substances et faites-les macérer pendant deux jours dans 8 litres d'alcool à 86 degrés, ajoutez 5 litres d'eau et distillez au bain-marie en suivant exactement la marche indiquée précédemment, pour retirer 8 litres d'esprit ou alcool parfumé.

Faites fondre 10 kilogrammes de sucre dans la moitié de son poids d'eau, c'est-à-dire 5 kilogr. ou 5 litres, dans une bassine ou un chaudron en cuivre rouge non étamé, que vous placez sur un feu vif; lorsque le sucre est bien fondu, versez-le dans une terrine pour le laisser refroidir.

Lorsque la distillation est terminée et que le sirop est refroidi, procédez au mélange, ainsi qu'il a été dit à l'article de la fabrication.

Suivez la même marche dans les recettes qui

vont suivre; lorsqu'il y aura quelque changement à opérer, il en sera fait mention.

### Curaçao de Hollande.

Écorces de curaçao de Hollande 1 kilog. 750 gr.
Écorces d'oranges douces . . » 200 —
Écorces de cédrat. . . . . » 50 —
Noix muscades . . . . . » 30 —
Cannelle . . . . . . . » 10 —
Girofle . . . . . . . » 10 —
Alcool à 86 degrés . . . . 8 litres »
Sucre fondu dans 5 litres d'eau 10 kilogr. »

Concassez les substances qui doivent l'être et laissez macérer le tout pendant deux jours dans l'alcool, ajoutez l'eau nécessaire et distillez au bain-marie pour retirer 8 litres d'esprit ou d'alcool parfumé. Opérez ensuite ainsi qu'il a été dit et colorez avec la couleur de curaçao préparée ainsi qu'il sera dit à l'article *Teintures colorantes* ou encore avec la cochenille et le caramel, filtrez et mettez en bouteilles.

### Elixir de Raspail.

Semences d'angélique . . 350 grammes.
Racines d'angélique . . 200 —
Calamus aromaticus . . 60 —
Myrrhe . . . . . . 50 —

| | | |
|---|---|---|
| Cannelle de Chine . . . | 50 | grammes. |
| Aloès succotrin . . . . | 20 | — |
| Clous de girofle. . . . | 20 | — |
| Noix muscades . . . . | 6 | grammes. |
| Alcool à 86 degrés. . . | 6 lit. 50 cent. | |
| Sucre fondu dans 4 lit. d'eau | 7 kil. 500 gr. | |

Pilez et concassez toutes les substances ci-dessus, faites-les macérer pendant 24 heures dans l'alcool, ajoutez l'eau nécessaire et distillez au bain-marie pour retirer 6 litres 50 centilitres d'esprit parfumé. Faites fondre le sucre dans l'eau et versez le sirop bouillant sur 20 grammes de vanille que vous aurez coupée en petits morceaux ; après refroidissement, mélangez, colorez en jaune d'or avec le safran, filtrez et mettez en bouteilles.

Cette recette n'est pas celle exacte de M. Raspail, puisque l'on opère par distillation et qu'il n'entre pas de camphre dans sa composition; mais elle peut néanmoins soutenir la comparaison avec n'importe quelle liqueur vendue sous le nom de Raspail.

Un liquoriste de Saumur a acquis une certaine réputation pour la vente de cette liqueur, grâce à la publication d'une lettre, insérée dans ses étiquettes, qui lui avait été adressée par M. Raspail; mais voici comment ce dernier s'exprime à cet égard :

« Il est des distillateurs qui prétendent tenir de moi le monopole de la fabrication de cette liqueur; c'est un mensonge : une formule publiée appartient à tout le monde.

« Un autre distillateur a inséré dans ses éti-quettes une lettre d'encouragement que je ne lui avais pas adressée pour être publiée ; je l'ai fait souvent avertir d'avoir à supprimer cette lettre et surtout à n'y plus apposer ma signature.

« Je me vois donc forcé de déclarer ici que dorénavant je serai dans la triste nécessité d'avoir recours à la loi pour faire cesser de pareils oublis de toute espèce de bonne foi et de convenance.

« Ce qui ajoute à la culpabilité de pareils pro-cédés, c'est que celui qui abuse ainsi de ma lettre et de la falsification de ma signature, ne fait plus entrer dans sa composition nouvelle les ingré-dients de la formule et qu'ainsi il trompe dou-blement le public, d'abord sur la nature de la marchandise et ensuite sur une garantie que je ne saurais donner n'assistant pas à la manipula-tion.

« Chaque distillateur est libre de fabriquer la liqueur hygiénique du manuel, mais sous sa res-ponsabilité. »

Voici la formule publiée par M. Raspail dans son *Manuel annuaire de la Santé.*

Sommités et racines d'angélique. 30 grammes.
Calamus aromaticus . . . . 4 —
Myrrhe . . . . . . . . 2 —
Cannelle . . . . . . . 2 —
Aloès . . . . . . . . 1 —
Clous de girofle . . . . . 1 —
Vanille . . . . . , . . 1 —
Camphre . . . . . . . 50 centigr.
Noix muscades. . . . . . 25 —
Safran . . . . . . . . 5 —

*N. B.* — On peut supprimer les substances qu'on n'aurait pas sous la main, à l'exception de l'aloès, la myrrhe, le girofle et la cannelle. Si l'on tenait plus aux propriétés hygiéniques qu'au goût, on augmenterait la dose d'aloès jusqu'à 4 grammes.

Faites digérer le tout au soleil pendant quinze jours, en agitant chaque jour, dans 1 litre d'eau-de-vie ordinaire, ou mieux d'alcool à 56 degrés centigrades, passez et exprimez ; ajoutez-y alors 500 grammes de sucre fondu dans un demi-litre d'eau, filtrez et conservez dans une armoire.

Cette liqueur de table doit être introduite comme correctif obligé dans tous les repas, et, de temps à autre, on se trouvera bien d'en prendre une ou deux cuillerées. Elle est éminemment protectrice d'une bonne disgestion. On peut la rendre délicieuse en la distillant et ajoutant l'aloès après la distillation à dose dissimulée au goût.

*Liqueur de la Grande-Chartreuse.*

Il y a trois sortes de liqueurs de la Grande-Chartreuse qui varient entre elles et diffèrent complètement des autres liqueurs, en ce qu'elles contiennent plus ou moins d'alcool et sont plus ou moins sucrées, ce sont la verte, la jaune et la blanche.

(VERTE.)

| | | |
|---|---|---|
| Mélisse citronnée . . . . . | 120 | grammes. |
| Hysope . . . . . . . . | 60 | — |
| Menthe poivrée . . . . . | 70 | — |
| Absinthe majeure . . . . | 50 | — |
| Semences d'angélique . . . | 25 | — |
| Zestes de citrons. . . . . | 30 | — |
| Baies de genièvre. . . . . | 20 | — |
| Camomille romaine . . . . | 20 | — |
| Fleurs d'Arnica . . . . . | 4 | grammes. |
| Bourgeons de peuplier-baumier | 5 | — |
| Cannelle . . . . . . . . | 5 | — |
| Girofle. . . . . . . . . | 5 | — |
| Noix muscades . . . . . | 5 | — |
| Alcool à 86 degrés . . . . . | 12 | litres. |
| Sucre fondu dans 3 litres d'eau. | 5 | kilogr. |

Pilez les ingrédiens ci-dessus et faites macérer le tout pendant 2 jours dans l'alcool, ajoutez l'eau nécessaire et distillez au bain-marie pour retirer 12 litres d'esprit parfumé, opérez le mélange ainsi qu'il a été dit et colorez en vert avec le bleu et le safran, ajoutez une dissolution de 5 grammes d'alun de Rome fondu dans un demi-verre d'eau, filtrez et mettez en bouteilles.

Cette liqueur est très-chargée en alcool et peu sucrée. Il s'en fait peu d'usage en France.

*Liqueur de la Grande-Chartreuse.*

(JAUNE.)

| | |
|---|---|
| Mélisse citronnée | 100 grammes. |
| Hysope fleurie | 50 — |
| Sauge de montagne | 50 — |
| Menthe poivrée | 50 — |
| Absinthe majeure | 40 — |
| Semences d'angélique | 50 — |
| Coriandre | 100 — |
| Thym | 50 — |
| Cardamome mineur | 5 — |
| Cannelle de Chine | 5 — |
| Girofle | 5 — |
| Noix muscades | 5 — |
| Aloès | 5 — |
| Fleurs d'arnica | 3 — |

Alcool à 86 degrés . . . . . 8 litres.
Sucre fondu dans 3 litres d'eau. 5 kilogr.

Concassez le tout, faites macérer pendant deux jours dans l'alcool et opérez en tous points comme ci-dessus; colorez en jaune avec le safran.

### *Liqueur de la Grande-Chartreuse.*

#### (BLANCHE.)

| | | |
|---|---|---|
| Mélisse citronnée . . . . . | 100 | grammes. |
| Hysope . . . . . . . | 50 | — |
| Menthe poivrée . . . . . | 50 | — |
| Absinthe majeure . . . . | 40 | — |
| Sauge de montagne . . . . | 50 | — |
| Semences d'angélique . . . | 50 | — |
| Cannelle de Chine . . . . | 25 | — |
| Noix muscades . . . . . | 5 | — |
| Clous de girofle . . . . . | 10 | — |
| Calamus aromaticus. . . . | 10 | — |
| Cardamome mineur . . . . | 5 | — |
| Fèves tonka . . . . . . | 4 | — |
| Zestes de citrons. . . . . | 30 | — |
| Alcool à 86 degrés . . . . | 10 | litres. |
| Sucre fondu dans 4 litres d'eau. | 8 | kilogr. |

Concassez toutes les substances ci-dessus et faites-les macérer pendant 2 jours dans l'alcool, ajoutez l'eau nécessaire et distillez au bain-marie

pour retirer 10 litres d'esprit parfumé, mélangez
en opérant comme il a été dit, filtrez et mettez en
bouteilles.

*Autre.*

La plupart des personnes préfèrent celle qui va
suivre, qui est beaucoup plus simple et moins dis-
pendieuse.

Baies de genièvre . . . . . 125 grammes.
Menthe poivrée . . . . . . 60 —
Sauge de montagne . . . . 60 —
Romarin . . . . . . . 25 —
Marjolaine . . . . . . 25 —
Camomille . . . , . . 25 —
Semences d'angélique . . . 25 —
Ecorces de curaçao . . · . 25 —
Cannelle de Ceylan , . . . . 10 —
Noix muscades . . . . . . 5 —
Alcool à 86 degrés . . . . 8 litres.
Sucre fondu dans 4 litres d'eau. 8 kilogr.

Opérez en tous points comme ci-dessus, colorez
en jaune d'or avec le safran, filtrez et mettez en
bouteilles.

Les recettes ci-dessus imitent parfaitement les
liqueurs fabriquées au couvent de la Grande-
Chartreuse par les religieux de l'ordre de Saint-
Bruno ; mais en raison de la grande quantité

d'alcool qu'elles contiennent, elles demandent à vieillir, aussi les religieux ne les livrent-ils au commerce qu'au bout de 2 ou 3 ans de fabrication.

### *Élixir de Garus.*

| | |
|---|---|
| Myrrhe . . . . . . . . | 20 grammes. |
| Aloès . . . . . . . . | 20 — |
| Noix muscades . . . . . | 20 — |
| Girofle. . . . . . . . | 20 — |
| Cannelle de Ceylan . . . . | 20 — |
| Alcool à 86 degrés . . . . | 8 litres. |
| Sucre fondu dans 5 litres d'eau. | 10 kilogr. |

Pilez toutes les substances ci-dessus et faites-les macérer dans l'alcool pendant 2 jours, ajoutez l'eau nécessaire et distillez au bain-marie, opérez le mélange ainsi qu'il a été dit pour les autres liqueurs, en ajoutant un demi-litre eau de fleurs d'oranger et une infusion de 50 grammes de capillaires du Canada dans un demi-litre d'eau bouillante, colorez en jaune d'or avec le safran, filtrez et mettez en bouteilles.

### *Vespétro.*

| | |
|---|---|
| Anis vert . . . . . . . | 100 grammes. |
| Fenouil . . . . . . . . | 100 — |
| Aneth . . . . . . . . | 100 — |
| Coriandre . . . . . . . | 100 — |
| Carvi. . . . . . . . . | 60 — |

Chervi . . . . . . . . 60 grammes.
Semences d'angélique . . . . 30 —
Alcool à 86 degrés . . . . . 8 litres.
Sucre fondu dans 5 litres d'eau. 10 kilogr.

Pilez toutes ces substances et faites-les macérer pendant 2 jours dans l'alcool, ajoutez l'eau nécessaire et distillez au bain-marie pour retirer 8 litres d'esprit parfumé, opérez le mélange ainsi qu'il a été dit pour les autres liqueurs, colorez en jaune clair avec le safran et filtrez.

### Liqueur de Mézenc.

Camomille romaine . . . . . 125 grammes.
Thym . . . . . . . . . 100 —
Daucus de Crète . . . . . 100 —
Noix muscades . . . . . . 30 —
Myrobolans . . . . . . . 10 —
Cannelle . . . . . . . . 10 —
Ambrette . . . . . . . . 10 —
Alcool à 86 degrés . . . . . 8 litres.
Sucre fondu dans 5 litres d'eau. 10 kilogr.

Pilez tous les ingrédients ci-dessus et faites-les macérer dans l'alcool pendant 2 jours, ajoutez l'eau nécessaire et distillez au bain-marie pour retirer 8 litres d'esprit parfumé. Versez le sirop bouillant sur 10 grammes de vanille, que vous aurez coupée en petits morceaux; lorsque le sirop sera refroidi, mélangez le tout, colorez en jaune d'or avec la couleur de curaçao, filtrez et mettez en bouteilles.

### Liqueur de Béranger.

Amandes d'abricots pilées . . 800 grammes.
Bois de sassafras. . . . . 80 —
Ambrette.. . . . . . . 50 —
Alcool à 86 degrés . . . . 8 litres.
Sucre fondu dans 5 litres d'eau. 10 kilogr.

Pilez les amandes, l'ambrette et le sassafras et faites macérer pendant 24 heures dans l'alcool, ajoutez l'eau nécessaire et distillez au bain-marie; coupez 13 grammes de vanille en petits morceaux et versez dessus le sirop bouillant; lorsqu'il sera refroidi, mélangez en ajoutant un demi-litre d'eau de roses, colorez en rouge clair et filtrez.

### Liqueur de Lisette.

Zestes de citrons. . . . . 600 grammes.
Cannelle . . . . . . . 50 —
Girofle. . . . . . . . 50 —
Noix muscades . . . . . 50 —
Alcool à 86 degrés . . . . 8 litres.
Sucre fondu dans 5 litres d'eau. 10 kilogr.

Pilez les muscades, le girofle et la cannelle et faites macérer le tout pendant 24 heures dans l'alcool, ajoutez l'eau nécessaire et distillez au bain-marie pour retirer 8 litres de produit, mélangez ainsi qu'il a été dit, colorez en rouge clair et filtrez. Mettez ensuite dans chaque bouteille une ou deux feuilles d'argent que vous délayez dans un verre en y ajoutant un peu de liqueur et que vous battez avec une fourchette, versez ce mélange dans chaque bouteille et achevez de remplir avec la liqueur filtrée.

### Crème de Génépy.

| | |
|---|---|
| Génépy des Alpes . . . . . | 500 grammes. |
| Menthe poivrée . . . . . . | 500 — |
| Noix muscades . . . . . . | 30 — |
| Calamus aromaticus . . . . | 30 — |
| Cannelle . . . . . . . . | 11 — |
| Alcool à 86 degrés . . . . | 8 litres |
| Sucre fondu dans 5 litres d'eau. | 10 kilogr. |

Pilez le tout et laissez macérer pendant vingt-quatre heures dans l'alcool, ajoutez l'eau nécessaire et distillez au bain-marie, procédez au mélange comme d'habitude, colorez en vert clair avec le bleu et l'infusion de safran, filtrez et mettez en bouteilles.

### Crème de Noyau.

| | |
|---|---|
| Amandes de noyaux d'abricots . | 800 grammes. |
| Amandes amères. . . . . . | 400 — |

Alcool à 86 degrés . . . . .     8 litres.
Sucre fondu dans 5 litres d'eau.   10 kilogr.
Pilez les amandes et distillez au bain-marie, mélangez et filtrez. Cette liqueur reste blanche.

### Crême de Moka.

Café moka . . . . . . .     1 kilogr.
Café martinique . . . . .   1   —
Alcool à 86 degrés . .     8 litres.
Sucre fondu dans 5 litres d'eau.   10 kilogr.

Torréfiez légèrement le café et pilez-le grossièrement, faites-le macérer pendant 48 heures dans l'alcool, ajoutez l'eau nécessaire et distillez au bain-marie pour retirer 8 litres d'esprit parfumé, mélangez et filtrez. Cette liqueur reste blanche.

### Crême de Cacao.

Cacao bonne qualité . . . .     1 k. 500 gr.
Alcool à 86 degrés . . . . .     8 litres.
Sucre fondu dans 5 litres d'eau.   10 kilogr.

Torréfiez le cacao et pilez-le grossièrement, faites-le macérer pendant 48 heures dans l'alcool et opérez en tous points comme ci-dessus.

### Crême de Menthe.

Feuilles de menthe poivrée . .   1 kilogr.
Essence de menthe . . . .   10 grammes.

Alcool à 86 degrés . . . . . 8 litres.
Sucre fondu dans 5 litres d'eau. 10 kilogr.

Laissez macérer pendant 2 jours les feuilles et l'essence de menthe dans l'alcool, ajoutez l'eau nécessaire et distillez au bain-marie pour retirer 8 litres d'esprit parfumé, mélangez et filtrez. Cette liqueur reste blanche.

### Crême de Roses.

Pétales de roses fraîches . . . . 3 kilogr.
Alcool à 86 degrés . . . . . 8 litres.
Sucre fondu dans 5 litres d'eau. 10 kilogr.

Faites macérer les roses pendant 24 heures dans l'alcool, ajoutez l'eau nécessaire et distillez au bain-marie pour retirer 8 litres d'esprit parfumé, mélangez, colorez en rouge clair avec la cochenille, filtrez et mettez en bouteilles.

### Crême de Cachou.

Cachou en poudre . . . . . 700 grammes.
Alcool à 86 degrés . . . . . 8 litres.
Sucre fondu dans 5 litres d'eau. 10 kilogr.

Faites macérer le cachou dans l'alcool pendant 48 heures, ajoutez l'eau nécessaire et distillez au bain-marie, mélangez le tout en ajoutant un demi-litre d'eau de fleurs d'oranger et filtrez. Cette liqueur reste blanche.

*Crême de Framboises.*

Framboises fraîches et mondées .   2 kilogr.
Alcool à 86 degrés   .   .   .   .   8 litres.
Sucre fondu dans 5 litres d'eau. 10 kilogr.

Faites macérer les framboises dans l'alcool pendant 48 heures, ajoutez l'eau nécessaire et distillez au bain - marie, opérez le mélange comme d'habitude, colorez en rouge avec la cochenille et filtrez.

*Eau-de-vie de Dantzig .*

Cannelle.   .   .   .   .   .   .   100 grammes.
Coriandre   .   .   .   .   .   . 100   —
Carvi   .   .   .   .   .   .   . 100   —
Orvale .   .   .   .   .   .   . 100   —
Noix muscades.   .   .   .   . 10   —
Girofle.   .   .   .   .   .   . 10   —
Zestes de citrons.   .   .   .   50   —
Alcool à 86 degrés.   .   .   . 8 litres.
Sucre fondu dans 5 litres d'eau.   10 kilogr.

Pilez le tout et laissez macérer dans l'alcool pendant 48 heures, ajoutez l'eau nécessaire et distillez au bain-marie, mélangez et filtrez. Mettez dans chaque bouteille une ou deux feuilles d'or que vous délayez dans un verre avec un peu de liqueur, en battant le tout avec une fourchette et achevez de remplir la bouteille avec la liqueur filtrée.

### Marasquin de Zara.

Framboises . . . . . . 2 kilogr.
Cerises aigres écrassées avec
les noyaux . . . . . . . 2 —
Fleurs d'oranger. . . . . 500 grammes.
Fleurs de roses . . . . . 500 —
Alcool à 86 degrés . . . . 8 litres.
Sucre fondu dans 5 litres d'eau. 10 kilogr.

Laissez macérer le tout pendant 8 jours au moins dans l'alcool, ajoutez 3 litres d'eau et distillez au bain-marie pour retirer 8 litres d'esprit parfumé, opérez le mélange comme d'habitude et filtrez.

### Élixir de Genièvre.

Baies de genièvre sèches et pilées. 400 grammes.
Alcool à 86 degrés. . . . . 8 litres.
Sucre fondu dans 5 litres d'eau . 10 kilogr

Opérez en tous points comme ci-dessus en ajoutant 5 litres d'eau à la distillation.

### Fine-Orange.

Zestes d'oranges douces. . . 300 grammes.
Alcool et sucre quantité connue.

Opérez en tous points comme ci-dessus, colorez en jaune avec le caramel et filtrez.

*Larmes des jeunes Polonaises.*

Cannelle de Ceylan . . . . . 100 grammes.
Girofle. . . . . . . . . 50 —
Noix muscades . . . . . 50 —
Alcool et sucre comme ci-dessus.

Pilez les muscades, le girofle et la cannelle et faites macérer le tout pendant 24 heures dans l'alcool, ajoutez 5 litres d'eau et distillez au bain-marie pour retirer 8 litres de produit, opérez le rouge clair avec la cochenille et filtrez. Mettez ensuite dans chanque bouteille une ou deux feuilles d'argent que vous délayez dans un verre avec un peu de liqueur, en le battant avec une fourchette et achevez de remplir la bouteille avec la liqueur filtrée.

*Elixir des Anges.*

Zestes de citrons. . . . . 100 grammes.
Zestes d'oranges . . . . . 100 —
Cannelle . . . . . . . . 100 —
Girofle. . . . . . . . 50 —
Noix muscades . . . . . 50 —
Iris de Florence . . . . . 20 —
Galanga . . . . . . . 80 —
Gingembre . . . . . . . 30 —
Alcool à 86 degrés . . . . 8 litres.
Sucre fondu dans 5 litres d'eau. 10 kilogr.

Pilez les ingrédients ci-dessus et faites-les macérer pendant plusieurs jours dans l'alcool, ajoutez l'eau nécessaire et distillez au bain-marie pour retirer 8 litres d'esprit parfumé, mélangez le tout en ajoutant 2 litres d'eau de roses, colorez en jaune d'or, avec le safran et filtrez.

### Nectar de la Beauté.

| | |
|---|---|
| Zestes d'oranges douces . . | 100 grammes. |
| Zestes de citrons. . . . . | 80 — |
| Cannelle de Ceylan. . . . | 60 — |
| Anis étoilé (badiane) . . . | 80 — |
| Coriandre. . . . . . . | 80 — |
| Baies de genièvre. . . . . | 60 — |
| Semences d'angélique . . . | 50 — |
| Alcool à 86 degrés . . . . | 8 litres. |
| Sucre fondu dans 5 litres d'eau | 10 kilogr. |

Faites macérer après les avoir pilées toutes ces substances dans l'alcool, distillez au bain-marie, mélangez en ajoutant 1 litre d'eau de roses, colorez en rose avec la cochenille et filtrez.

### Souvenir de Marie.

| | |
|---|---|
| Fleurs de myrte. . . . . | 250 grammes. |
| Fleurs de roses. . . . . | 500 — |
| Fleurs d'oranger . . . . | 500 — |
| Alcool à 86 degrés. . . . | 8 litres. |
| Sucre fondu dans 5 litres d'eau | 10 kilogr. |

Laissez macérer les feuilles et fleurs ci-dessus pendant deux jours dans l'alcool, ajoutez l'eau nécessaire et distillez au bain-marie pour retirer 8 litres d'esprit parfumé, mélangez avec le sirop, colorez en bleu de ciel, en ajoutant une dissolution de 4 grammes d'alun de Rome fondu dans un demi-verre d'eau, filtrez et mettez en bouteilles.

Voilà à peu près les seules liqueurs qu'on prépare en qualité surfine. Si cependant on voulait en faire quelques-unes qui ne se trouveraient pas dans celles qui précèdent, il suffirait d'ajouter un dixième d'aromates aux quantités prescrites pour les liqueurs fines et d'opérer toujours comme il vient d'être dit, en mettant la même quantité d'alcool et de sucre que ci-dessus, c'est-à-dire 8 litres d'alcool à 86 degrés et 10 kilogrammes de sucre.

Toutes les recettes qui précèdent, comme celles qui vont suivre, s'appliquent à la fabrication de 20 litres de liqueurs. Ainsi donc, si par le mélange de l'alcool parfumé avec le sirop, on n'obtenait pas cette quantité, on la complèterait avec de l'eau, ainsi qu'il a été déjà dit.

# Recettes pour la fabrication des liqueurs fines par distillation.

## *Anisette de Bordeaux.*

| | | |
|---|---|---|
| Anis vert . . . . . | 450 | grammes. |
| Anis étoilé (badiane) . | 125 | — |
| Cannelle de Ceylan. . | 15 | — |
| Noix muscades . . . | 8 | — |
| Iris de Florence. . . | 20 | — |
| Amandes amères. . . | 20 | — |
| Clous de girofle . . . | 15 | — |
| Coriandre. . . . , | 15 | — |
| Dictame de Crète . . | 10 | — |
| Racine d'angélique . . | 20 | — |
| Zestes de citrons. . . | 40 | — |
| Zestes d'oranges douces. | 20 | — |
| Alcool à 86 degrés. . | 7 litres. | |

Sucre fondu dans 4 litres d'eau 7 kil. 500 gr.

Pilez toutes les substances ci-dessus et faites-les macérer pendant 24 heures dans l'alcool, ajoutez 5 litres d'eau et distillez au bain-marie pour retirer 7 litres d'esprit parfumé, opérez le mélange ainsi qu'il a été dit à l'article de la fabrication des liqueurs, filtrez et mettez en bouteilles.

## *Curaçao de Hollande.*

Zestes de curaçao de Hollande 1 kilog. 200 gr.
Zestes d'oranges douces . . . 100 gr.

Cannelle de Ceylan.  .   .   .           50 gr.
Girofle  .   .   .   .   .   .   .          20 gr.
Alcool à 86 degrés.   .   .   .  7 litres.
Sucre fondu dans 4 litres d'eau 7 kilog. 500 gr.

Opérez comme ci-dessus, colorez ainsi qu'il a été dit au curaçao surfin, filtrez et mettez en bouteilles.

### Élixir de Raspail.

Cet élixir se fabrique à dose fixe, ainsi qu'il a été prescrit aux recettes des liqueurs surfines, sans y apporter aucun changement.

### Liqueur de la Grande-Chartreuse.

Les liqueurs de la Grande-Chartreuse se fabriquent aussi à doses fixes ainsi qu'elles ont été prescrites aux recettes des liqueurs surfines.

### Elixir de Garus.

Aloès succotrin,          18 grammes.
Myrrhe,                   18    —
Noix muscades,            18    —
Clous de girofle,         18    —
Cannelle de Ceylan,       18    —
Alcool à 86 degrés,        7    —
Sucre fondu dans 4 litres d'eau 7 kilogr. 500 gr.

Pilez toutes les substances ci-dessus et faites-les macérer pendant 2 jours dans l'alcool, ajoutez

5 litres d'eau et distillez au bain-marie pour retirer 7 litres d'esprit parfumé, procédez ensuite au mélange en ajoutant l'eau nécessaire pour arriver à 20 litres de liqueur, colorez en jaune d'or avec le safran, filtrez et mettez en bonteilles.

Pour toutes les liqueurs fines qui vont suivre on emploiera la même quantité d'alcool et de sucre, en observant toujours que les doses s'appliquent à la fabrication de 20 litres de liqueur et on opèrera ainsi qu'il vient d'être dit.

### Vespétro.

| | | |
|---|---|---|
| Anis vert, | 90 | grammes. |
| Fenouil, | 90 | — |
| Aneth, | 90 | — |
| Coriandre, | 90 | — |
| Carvi, | 50 | — |
| Chervi, | 50 | — |
| Semences d'angélique, | 25 | — |

Alcool et sucre quantité connue. Colorez en jaune d'or avec le safran.

### Liqueur du Mézenc.

| | | |
|---|---|---|
| Camomille, | 110 | grammes. |
| Thym, | 110 | — |
| Daucus de Crète, | 90 | — |
| Noix muscades, | 25 | — |
| Macis, | 15 | — |

| Myrobolans, | 9 | grammes. |
|---|---|---|
| Cannelle, | 9 | — |
| Ambrette, | 9 | — |

Alcool et sucre, quantité connue.

Versez le sirop bouillant sur 6 grammes de vanille que vous aurez coupée en petits morceaux et opérez en tous points comme ci-dessus. Cette liqueur se colore en jaune d'or avec la couleur de curaçao.

### Liqueur de Béranger.

| Amandes d'abricots, | 800 | grammes. |
|---|---|---|
| Bois de sassafras, | 75 | — |
| Ambrette, | 50 | — |

Alcool et sucre, quantité connue.

Versez le sirop bouillant sur 10 grammes de vanille coupée en petits morceaux, procédez au mélange ainsi qu'il a été dit pour les autres liqueurs, en ajoutant un demi-litre d'eau de roses, colorez en rouge clair, filtrez et mettez en bouteilles.

### Liqueur de Lisette.

| Zestes de citrons, | 500 | grammes. |
|---|---|---|
| Cannelle, | 50 | — |
| Girofle, | 50 | — |
| Noix muscades, | 50 | — |

Alcool et sucre, quantité connue.

Opérez comme d'habitude, colorez en rouge clair et filtrez. Mettez ensuite dans chaque bouteille une ou deux feuilles d'argent que vous délayez dans un verre en y ajoutant un peu de liqueur et que vous battez avec une fourchette, versez ce mélange dans chaque bouteille et achevez de remplir avec la liqueur filtrée.

### Eau-de-vie de Dantzig.

| | | |
|---|---|---|
| Cannelle, | 90 | grammes. |
| Coriandre, | 90 | — |
| Carvi, | 90 | — |
| Orvale, | 90 | — |
| Zestes de citrons, | 54 | — |
| Ambrette, | 9 | — |
| Macis, | 9 | — |
| Girofle, | 9 | — |

Alcool et sucre, quantité connue.

Opérez en tous points comme il a été dit à l'eau-de-vie de Dantzig surfine.

### Eau d'Or.

| | | |
|---|---|---|
| Zestes de citrons, | 350 | grammes |
| Coriandre, | 30 | — |
| Macis, | 20 | — |
| Cannelle, | 20 | — |

Alcool et sucre, quantité connue.

Pilez et laissez macérer dans l'alcool pendant 24 heures les substances ci-dessus, ajoutez l'eau nécessaire et distillez au bain-marie, mélangez en ajoutant un litre d'eau de fleurs d'oranger, colorez en jaune d'or avec le safran et filtrez, mettez ensuite dans chaque bouteille une ou deux feuilles d'or en procédant ainsi qu'il a été dit pour l'eau-de-vie de Dantzig.

### Eau d'Argent.

| | | |
|---|---|---|
| Fleurs nouvelles de muguet, | 400 grammes. | |
| Amandes amères, | 200 | — |
| Menthe poivrée, | 60 | — |
| Noix muscades, | 60 | — |
| Cannelle de Ceylan, | 50 | — |
| Girofle, | 20 | — |

Alcool et sucre, quantité connue.

Opérez en tous points comme ci-dessus, à l'exception de la coloration; au lieu de feuilles d'or, on emploie des feuilles d'argent. Cette liqueur peut indifféremment rester blanche ou se colorer en rouge avec la cochenille.

### Rosolio de Turin.

| | | |
|---|---|---|
| Fleurs d'oranger, | 1 kilogramme. | |
| Fleurs de roses, | 1 | — |

Fleurs de jasmin,      750 grammes.
Cannelle pilée,        100    —
Girofle pilé,          35     —
Alcool et sucre, quantité connue.

Versez le sirop bouillant sur 5 grammes de vanille coupée en petits morceaux et opérez comme
d'habitude, colorez en rouge et filtrez.

### Crême de Génépy.

Génépy des Alpes,      500 grammes.
Menthe poivrée,        500    —
Noix muscades,         25     —
Calamus aromaticus,    20     —
Cannelle,              15     —
Alcool et sucre, quantité connue.

Pilez et laissez macérer les substances ci-dessus
pendant 2 jours dans l'alcool, ajoutez l'eau nécessaire et distillez au bain-marie, mélangez en ajoutant l'eau nécessaire pour arriver à 20 litres,
colorez en vert clair avec le bleu et le safran et
filtrez.

### Crême de Noyaux.

Amandes de noyaux d'abricots, 720 grammes.
Amandes amères,               350    —
Alcool et sucre, quantité connue.

Opérez comme ci-dessus. Cette liqueur reste
blanche.

*Crême de Roses.*

Pétales de roses récentes, 2 kil. 500 grammes.
Alcool et sucre, quantité connue.
Opérez comme ci-dessus, colorez en rouge clai
avec la cochenille et filtrez.

*Crême d'OEillets.*

Fleurs d'œillets mondés, 1 kil.   500 grammes.
Girofle,                 0 —    15    —
Alcool et sucre, quantité connue.
Opérez comme ci-dessus, colorez en rouge clair
avec la cochenille et filtrez.

*Crême d'Absinthe.*

Grande absinthe,       400  grammes.
Petite absinthe,       250    —
Feuilles de menthe,    150    —
Feuilles d'hysope,     190    —
Alcool et sucre, quantité connue.
Opérez comme ci-dessus et colorez en vert clair
avec le bleu et le safran.

*Crême d'Angélique.*

Racines d'angélique,     500 grammes.
Semences d'angélique,    500    —
Alcool et sucre, quantité connue.
Opérez comme ci-dessus. Cette liqueur reste
blanche.

*Crême des Barbades.*

| | | |
|---|---|---|
| Zestes de citrons, | 50 | grammes. |
| Zestes d'oranges douces, | 50 | — |
| Anis étoilé, | 200 | — |
| Anéth, | 50 | — |
| Noix muscades, | 50 | — |
| Cannelle de Ceylan, | 50 | — |

Alcool et sucre, quantité connue.

Opérez comme ci-dessus. Cette liqueur reste blanche.

*Crême de Céleri.*

Semences de céleri, 600 grammes.

Alcool et sucre, quantité connue.

Opérez comme ci-dessus. Cette liqueur reste blanche.

*Crême de Citrons.*

| | | |
|---|---|---|
| Zestes de citrons, | 300 | grammes. |
| Cannelle, | 80 | — |

Alcool et sucre, quantité connue.

Opérez comme ci-dessus et colorez en jaune d'or avec le caramel.

*Crême de Framboises.*

Framboises fraîches et mondées, 2 kilogrammes.

Alcool et sucre, quantité connue.

Opérez comme ci-dessus et colorez en rouge clair avec la cochenille.

*Crême d'Oranges.*

Zestes d'oranges douces,     300 grammes.
Chervi,                       70     —
Noix muscades,                20     —
Alcool et sucre, quantité connue.
Opérez comme ci-dessus et colorez en jaune d'or
avec le caramel.

*Crême de Moka.*

Café moka torréfié,          900 grammes.
Café martinique torréfié,    900     —
Alcool et sucre, quantité connue.
Opérez comme ci-dessus, Cette liqueur reste
blanche.

*Crême de Cacao.*

Cacao torréfié,    1 kilogramme 200 grammes.
Alcool et sucre, quantité connue.
Opérez comme ci-dessus. Cette liqueur reste
blanche.

*Crême de Jasmin.*

Zestes d'oranges,     50 grammes.
Noix muscades,        40     —
Alcool et sucre, quantité connue.
Opérez comme ci-dessus en ajoutant au moment
du mélange, 35 grammes d'extrait de jasmin.
Cette liqueur reste blanche.

### Crême de Mille-Fleurs.

| | |
|---|---|
| Fleurs d'orangers, | 400 grammes. |
| Fleurs de lavande, | 200 — |
| Iris de Florence, | 150 — |
| Menthe poivrée, | 150 — |
| Mélisse citronnée, | 150 — |
| Cannelle, | 100 — |
| Girofle, | 100 — |
| Thym, | 60 — |

Alcool et sucre, quantité connue.

Opérez comme ci-dessus. Cette liqueur reste blanche.

### Crême de Cédrats.

| | |
|---|---|
| Zestes de cédrats, | 300 grammes. |
| Alcool à 86 degrés, | 7 litres. |

Sucre fondu dans 4 litres d'eau, 7 kilogr. 500 gr.

Opérez comme ci-dessus et colorez en jaune d'or avec le caramel.

### Crême de Bergamottes,

| | |
|---|---|
| Zestes de bergamottes, | 300 grammes. |

Alcool et sucre, quantité connue.

Opérez comme ci-dessus et colorez en jaune d'or avec le caramel.

### Crême des Créoles.

| | |
|---|---|
| Zestes de citrons, | 100 grammes. |

| Grande absinthe, | 50 | grammes. |
|---|---|---|
| Ambrette, | 40 | — |
| Girofle, | 10 | — |
| Noix muscades, | 10 | — |

Alcool et sucre, quantité connue.

Opérez comme ci-dessus et colorez en rouge clair avec la cochenille.

### Crême de Cachou.

Cachou en poudre, 500 grammes.
Alcool et sucre, quantité connue.

Opérez comme ci-dessus, en ajoutant au moment du mélange un demi-litre d'eau de fleurs d'oranger. Cette liqueur reste blanche.

### Crême de Menthe.

Feuilles de menthe poivrée,     1 kilogramme.
Essence de menthe poivrée,   10 grammes.
Alcool et sucre, quantité connue.

Distillez les feuilles et l'essence avec l'alcool, mélangez et filtrez.

### Crême de Thé.

Thé impérial,   200 grammes.
Thé pekao,   200   —
Alcool et sucre, quantité connue.

Faites infuser le thé dans 4 litres d'eau bouillante, laissez refroidir et ajoutez l'alcool, laissez macérer le tout pendant 48 heures et distillez au bain-marie, mélangez et filtrez. Cette liqueur reste blanche.

### Citronnelle.

Zestes de citrons,           400 grammes.
Zestes d'oranges douces,   60   —
Girofle,                          10   —
Noix muscades,                10   —
Alcool et sucre, quantité connue.

Opérez comme d'habitude et colorez en jaune d'or avec le caramel.

### Fine-Orange.

Zestes d'oranges douces,      300 grammes.
Alcool et sucre, quantité connue.

Opérez comme ci-dessus et colorez en jaune d'or avec le caramel.

### Elixir de Genièvre.

Baies de genièvre sèches et pilées, 400 grammes.
Alcool et sucre, quantité connue.

Opérez comme ci-dessus. Cette liqueur reste blanche.

### Marasquin de Zara.

Framboises,                        2 kilogrammes.
Cerises aigres écrasées
   avec les noyaux,            2      —

Fleurs d'oranger, 500 grammes.
Fleurs de roses. 500 —
Alcool et sucre, quantité connue.

Laissez macérer toutes les substances ci-dessus pendant 15 jours dans l'alcool, procédez ensuite comme d'habitude. Cette liqueur reste blanche.

### Plaisir des Dames.

Amandes amères concassées, 250 grammes.
Semences d'angélique, 70 —
Cannelle de Ceylan, 20 —
Coriandre, 20 —
Alcool et sucre, quantité connue.

Opérez comme d'habitude et colorez en violet avec la cochenille et le bleu.

### Parfait-Amour.

Zestes de cédrats, 150 grammes.
Zestes de citrons, 75· —
Clous de girofle, 15 —
Alcool à 86 degrés, 7 —
Sucre fondu dans 4 litres d'eau 7 kilogrammes 500 grammes.

Opérez comme ci-dessus et colorez en rouge avec la cochenille.

### Persicot.

Amandes amères, 1 kilogramme.

Zestes de citrons,   150 grammes.
Cannelle,           60     —
Girofle,            15     —
Noix muscades,     15     —

Alcool et sucre, quantité connue.

Opérez comme ci-dessus. Cette liqueur reste blanche.

### Cent-Sept-Ans.

Zestes de citrons,   100 grammes.
Coriandre,         200     —

Alcool et sucre, quantité connue.

Opérez comme ci-dessus et colorez en rouge avec l'orseille et un peu de caramel.

### Alkermès de Florence.

Fleurs de roses,     1 kilogramme.
Girofle,           15 grammes.
Cannelle de Ceylan,  15     —
Noix muscades,     30     —

Alcool et sucre, quantité connue.

Opérez comme ci-dessus et colorez en rouge foncé avec la cochenille.

### Scubac d'Irlande.

Zestes d'oranges,    100 grammes.
Zestes de citrons,    60     —
Girofle,            50     —

| Cannelle, | 50 grammes. |
| Noix muscades, | 30 — |

Alcool et sucre, quantité connue.

Opérez comme ci-dessus et colorez en jaune ambré avec le safran et le caramel.

### Eau de Chasseur.

| Menthe poivrée, | 1 kilogr. |
| Semences de carvi, | 60 grammes. |
| Semences de coriandre, | 150 — |

Alcool et sucre, quantité connue.

Opérez comme ci-dessus et colorez en vert clair avec le bleu et le safran, filtrez et mettez en bouteilles.

### Nectar des Dieux.

| Coriandre, | 150 grammes. |
| Zestes de citrons, | 80 — |
| Noix muscades, | 20 — |
| Girofle, | 10 — |

Alcool et sucre, quantité connue.

Versez le sirop bouillant sur 5 grammes de vanille coupée en petits morceaux et opérez comme ci-dessus, colorez en rouge et filtrez.

### Nectar de la beauté.

| Zestes d'oranges, | 80 grammes. |
| Zestes de citrons, | 70 — |

Cannelle de Ceylan,    60 grammes.
Anis étoilé (badiane),    80    —
Coriandre,    80    —
Baies de genièvre,    60    —
Semences d'angélique,    50    —

Alcool et sucre, quantité connue.

Opérez comme d'habitude en ajoutant au mélange 1 litre d'eau de rose, colorez en rose avec la cochenille et filtrez.

## Eau-de-vie d'Hendaye.

Comme toutes les eaux-de-vie qui se débitent dans le commerce ne peuvent provenir d'Hendaye, on a cherché à s'affranchir de cette difficulté en la composant partout.

Ces eaux-de-vie doivent toujours se distinguer par une odeur anisée. Voici la formule dont on se sert ordinairement :

Anis étoilé,    150 grammes.
Coriandre,    150    —
Iris de Florence,    150    —
Zestes d'oranges,    100    —
Zestes de citrons,    40    —

Alcool et sucre, quantité connue.

Opérez comme d'habitude et colorez en jaune d'or avec le caramel. Cette liqueur peut aussi rester blanche.

### Eau de la Côte-Saint-André.

| | |
|---|---|
| Zestes d'oranges, | 200 grammes. |
| Amandes de pêches, | 100 — |
| Cannelle de Ceylan, | 125 — |
| Clous de girofle, | 25 — |

Opérez comme ci-dessus. Cette liqueur reste blanche.

### China-China.

| | |
|---|---|
| Amandes amères, | 500 grammes. |
| Semences d'angélique, | 50 — |
| Noix muscades, | 50 — |
| Cannelle, | 50 — |
| Clous de girofle, | 30 — |

Alcool et sucre, quantité connue.

Opérez comme d'habitude, colorez en jaune foncé avec le safran et le caramel, filtrez et mettez en bouteilles.

### Eau des Favorites.

| | |
|---|---|
| Anis vert, | 200 grammes. |
| Cannelle, | 150 — |
| Mélisse citronnée, | 150 — |
| Fleurs d'oranger, | 150 grammes. |
| Genièvre, | 100 — |
| Zestes d'oranges. | 80 — |
| Romarin, | 80 — |
| Thym, | 50 — |

Menthe,                    50 grammes.
Sauge,                     50    —

Alcool et sucre, quantité connue.

Opérez comme ci-dessus. Cette liqueur reste blanche.

### *Eau des Sultanes.*

Zestes de citrons, 100 grammes.
Zestes d'oranges, 100    —
Cannelle,          50    —
Girofle,           15    —
Noix muscades,     10    —

Alcool et sucre, quantité connue.

Opérez comme ci-dessus en ajoutant au mélange 20 grammes d'extrait de jasmin et 1 litre d'eau de fleurs d'oranger; colorez en rouge avec la cochenille.

### *Usquebaugh d'Ecosse.*

Cannelle de Ceylan,                  125 grammes.
Clous de girofle,                     50    —
Noix muscades,                        50    —
Baies de genièvre,                    50    —
Fleurs de lavande,                    50    —
Fleurs de romarin,                    50    —
Alcool à 86 degrés,                    8 litres.
Sucre fondu dans 3 litres d'eau,       5 kilogr.

Opérez comme ci-dessus en ajoutant au mélange un demi-litre d'eau de fleurs d'oranger et colorez en jaune rougeâtre avec la cochenille et le caramel.

L'usquebaugh est la boisson favorite des habitants de l'Écosse, dont parle si souvent Walter-Scott dans ses romans, et Paul Féval dans les *Mystères de Londres.*

### *Huile des Jeunes Mariés.*

| | | |
|---|---|---|
| Anis vert, | 100 | grammes. |
| Fenouil, | 100 | — |
| Moldavique, | 50 | — |
| Semences d'aneth, | 50 | — |
| Semences de chervi, | 50 | — |
| Semences de carvi, | 50 | grammes. |
| Semences de cumin, | 50 | — |

Alcool et sucre, quantité connue.

Opérez comme ci-dessus et colorez en jaune avec le safran.

### *Eau Nuptiale.*

| | | |
|---|---|---|
| Semences de persil, | 200 | grammes. |
| Semences de carottes, | 150 | — |
| Anis vert, | 75 | — |
| Iris de Florence, | 75 | — |
| Chervi, | 75 | — |

Noix muscades,                    20 grammes.

Alcool et sucre, quantité connue.

Opérez comme ci-dessus en ajoutant au moment du mélange 2 litres d'eau de roses, colorez en jaune d'or avec le safran et filtrez.

### *Elixir des Anges.*

| | | |
|---|---|---|
| Zestes de citrons, | 100 grammes. | |
| Zestes d'oranges. | 100 | — |
| Cannelle, | 100 | — |
| Clous de girofle, | 50 | — |
| Noix muscades, | 40 | — |
| Iris de Florence, | 20 | — |
| Galanga, | 80 | — |
| Gingembre, | 30 | — |
| Cardamome mineur, | 15 | — |

Alcool et sucre, quantité connue.

Opérez comme ci-dessus, en ajoutant au moment du mélange 2 litres d'eau de roses, colorez en jaune d'or avec le caramel et filtrez.

### *Espoir de la Pologne.*

| | | |
|---|---|---|
| Anis vert, | 60 grammes. | |
| Cannelle, | 60 | — |
| Girofle, | 60 | — |
| Fenouil, | 60 | — |
| Menthe poivrée, | 60 | — |

| Romarin, | 60 grammes. |
| Marjolaine, | 60 — |
| Sauge, | 60 — |
| Galanga, | 50 — |

Alcool et sucre, quantité connue.

Opérez comme ci-dessus en ajoutant au moment du mélange 1 litre d'eau de roses et 1 litre d'eau de fleurs d'oranger. Colorez en vert clair avec le bleu et le safran et filtrez.

### *Larmes des jeunes Polonaises.*

| Cannelle de Ceylan, | 90 grammes. |
| Girofle, | 45 — |
| Noix muscades, | 45 — |

Alcool et sucre, quantité connue.

Opérez comme ci-dessus, colorez en rouge clair avec la cochenille et filtrez. Mettez ensuite dans chaque bouteille une ou deux feuilles d'argent, ainsi qu'il a été dit à la liqueur surfine.

### *Amour sans Fin.*

| Zestes de citrons, | 150 grammes. |
| Zestes de bergamottes, | 150 — |

Alcool et sucre, quantité connue.

Opérez comme ci-dessus et colorez en jaune d'or avec le caramel.

## Élixir du Sérail.

| | | |
|---|---|---|
| Mélisse citronnée, | 75 | grammes. |
| Menthe poivrée, | 75 | — |
| Génépy mondé, | 40 | — |
| Racines d'angélique, | 25 | — |
| Sauge de montagne, | 25 | — |
| Noix muscades; | 10 | — |

Alcool et sucre, quantité connue.

Opérez comme ci-dessus et colorez en vert avec le bleu et le safran.

## Eau de la Dame aux Camélias.

| | | |
|---|---|---|
| Zestes d'oranges, | 60 | grammes. |
| Zestes de citrons, | 60 | — |
| Mélisse citronnée, | 50 | — |
| Menthe poivrée, | 50 | — |
| Calamus aromaticus, | 25 | — |
| Camomille romaine, | 15 | — |
| Cannelle de Ceylan, | 10 | — |
| Noix muscades, | 5 | — |

Alcool et sucre, quantité connue.

Opérez comme ci-dessus et colorez en rouge clair avec la cochenille.

## Eau des Belles de Nuit.

| | | |
|---|---|---|
| Amandes amères, | 200 | grammes |
| Zestes de citrons, | 100 | — |

| Cannelle, | 50 | grammes. |
|---|---|---|
| Fleurs de lavande, | 100 | — |
| Fleurs de romarin, | 100 | — |
| Noix muscades, | 20 | — |
| Girofle, | 15 | — |

Alcool et sucre, quantité connue.

Opérez comme ci-dessus, colorez en rose, filtrez et ajoutez par chaque bouteille une ou deux feuilles d'or brisées en petits morceaux.

### Eau des Princesses.

| Fleurs d'oranger, | 500 | grammes. |
|---|---|---|
| Fleurs de roses, | 500 | — |
| Cannelle Ceylan, | 60 | — |
| Girofle, | 20 | — |
| Noix muscades, | 15 | — |

Alcool et sucre, quantité connue.

Opérez comme ci-dessus, colorez en rose, filtrez et ajoutez par chaque bouteille une ou deux feuilles d'argent.

### Eau du Paradis.

| Zestes de citrons, | 200 | grammes. |
|---|---|---|
| Semences d'angélique, | 50 | — |
| Iris de Florence, | 35 | — |
| Calamus aromaticus, | 40 | — |
| Noix muscades, | 20 | — |

Cardomome mineure,     10 grammes.

Alcool et sucre, quantité connue.

Opérez comme ci-dessus, colorez en vert clair avec le bleu et le safran et ajoutez par chaque bouteille une ou deux feuilles d'argent.

### Eau Céleste

| | |
|---|---|
| Girofle, | 50 grammes. |
| Fenouil, | 35 — |
| Anis, | 15 — |
| Zestes de citrons, | 20 —. |
| Cannelle de Ceylan, | 50 — |

Alcool et sucre, quantité connue.

Opérez comme ci-dessus et colorez en bleu de ciel.

### Eau Divine

| | |
|---|---|
| Zestes de citrons, | 60 grammes |
| Zestes de bergamottes, | 60 — |
| Coriandre, | 60 — |
| Noix muscades, | 25 — |

Alcool et sucre, quantité connue.

Opérez comme ci-dessus, en ajoutant au moment du mélange un demi-litre d'eau de fleurs d'oranger. Cette liqueur reste blanche.

Autrefois, l'eau divine fabriquée chez les religieuses du Saint-Sacrement, rue Saint-Louis, au Marais, était en grande réputation.

*Souvenir de Marie.*

| Fleurs de myrte, | 200 grammes. |
| Fleurs de roses, | 450 — |
| Fleurs d'oranger, | 450 — |

Alcool et sucre, quantité connue.

Opérez comme ci-dessus et colorez en bleu de ciel.

OBSERVATION. — Il est très-utile, ainsi que cela a été dit, d'ajouter aux liqueurs colorées une dissolution de 4 grammes d'alun de Rome, fondu dans un demi-verre d'eau. Cette dissolution a pour but de fixer la couleur et d'empêcher qu'elle ne tombe.

## Recettes pour la fabrication des liqueurs fines sans distillation.

On remarquera que la plupart des liqueurs sans distillation exigent moins d'alcool que celles distillées.

*Eau-de-Noix.*

| Infusion de noix vertes, | 6 litres. |
| Noix muscades, | 20 grammes. |
| Alcool à 36 degrés, | 3 litres. |

Sucre fondu dans 4 litres d'eau 7 kilogr. 500 gr.

Pilez les noix muscades et faites-les macérer pendant quelques jours dans l'alcool, mélangez le tout, ajoutez la quantité d'eau nécessaire pour arriver à 20 litres, colorez en jaune foncé avec le caramel, et filtrez.

### Autre.

Noix vertes cueillies avant
    que le bois soit formé,   150 noix.
    Noix muscades,        20 grammes.
    Girofle,             20    —
    Cannelle,           20    —
Sucre fondu dans 4 litres d'eau 7 kilogr. 500 gr.

Pilez le tout et laissez macérer pendant au moins un mois dans 5 litres d'alcool à 86 degrés. Au bout de ce temps, faites fondre le sucre comme il a été dit, et lorsqu'il sera froid, opérez le mélange comme pour les autres liqueurs, en ajoutant 2 litres d'alcool à 86 degrés. Délayez le marc de noix dans l'eau destinée à compléter les 20 litres de liqueur et pressez. Colorez ensuite en jaune foncé avec le caramel et filtrez.

### Cassis.

Infusion première de cassis,   7 litres.
Infusion de framboises,      2   —
Alcool à 86 degrés,         2   —
Sucre fondu dans 4 litres d'eau 7 kilogr. 500 gr.

Mélangez le tout et filtrez.

*Autre.*

| | |
|---|---|
| Cassis, | 4 kilogram. |
| Cachou, | 35 grammes. |
| Fleurs d'œillets, | 25 — |
| Anis étoilé, | 10 — |

Sucre fondu dans 4 litres d'eau 7 kilogr. 500 gr.

Pilez les substances qui doivent l'être, écrasez le cassis et laissez macérer le tout pendant au moins un mois dans 5 litres d'alcool à 86 degrés; au bout de ce temps, tirez à clair et pressez les grains, mêlez le tout avec le sucre fondu en ajoutant 2 litres d'alcool à 86 degrés. Remplacez l'eau destinée à compléter les 20 litres de liqueur par du bon vin rouge dans lequel vous aurez soin de délayer le marc de cassis que vous pressez de nouveau, afin d'enlever tout l'alcool qu'il peut contenir, mélangez le tout et filtrez.

*Crème de Vanille.*

| | |
|---|---|
| Vanille en gousse, | 30 grammes. |
| Alcool à 86 degrés, | 6 litres 50 centil. |

Sucre fondu dans 4 litres d'eau 7 kilogr. 500 gr.

Pilez dans un mortier avec une petite quantité de sucre, la vanille que vous aurez coupée en petits morceaux, faites bouillir 2 litres d'eau bouillante et versez-la dessus dans une cruche que vous couvrez aussitôt hermétiquement; lorsque l'infusion sera refroidie, ajoutez l'alcool et laissez macérer pendant quelques jours. Faites fondre le sucre dans la quantité d'eau prescrite, lorsqu'il sera refroidi, opérez le mélange, ajoutez l'eau nécessaire pour arriver à 20 litres, colorez en rouge clair avec la cochenille, et filtrez.

### Crême de Violettes.

Fleurs de violettes sèches, 500 grammes.
Infusion d'iris de Florence, 50 centilitres.
Alcool à 86 degrés, 6 litres.
Sucre fondu dans 4 litres d'eau 7 kilogr. 500 gr.

Faites bouillir les fleurs de violettes dans le sirop pendant 5 à 6 minutes; passez au tamis et presssz les fleurs, mélangez le tout en ajoutant l'eau nécessaire, colorez en violet avec la cochenille et le bleu, et filtrez.

### Crême de Framboises.

Framboises bien mûres, 2 kilogrammes.
Alcool à 86 degrés, 7 litres.
Sucre fondu dans 4 litres d'eau 7 kilogr. 500 gr.

Ecrasez les framboises et faites-les macérer pendant 15 jours au moins dans l'alcool, tirez à clair et pressez; délayez le marc de framboises dans l'eau destinée à compléter les 20 litres de liqueur, et pressez de nouveau; mélangez le tout et filtrez.

## Crême de Fraises.

Fraises bien mûres,      2 kilogrammes.
Alcool à 86 degrés,      7 litres.
Sucre fondu dans 4 litres d'eau 7 kilogr. 500 gr.
Opérez en tous points comme ci-dessus.

## Crême d'Ananas.

Ananas frais,            2 kilogrammes.
Alcool à 86 degrés,   6 lit. 50 centil.
Sucre fondu dans 4 litres d'eau 7 kilogr. 500 gr.

Versez le sirop bouillant sur 5 grammes de vanille que vous aurez coupée en petits morceaux et
opérez en tous points comme ci-dessus. Cette liqueur se colore en jaune clair avec le caramel.

## Eau de Coings.

Coings bien mûrs coupés
en petits morceaux,      3 kilogrammes.
Alcool à 86 degrés,      7 litres.
Sucre fondu dans 5 litres d'eau 7 kilogr. 500 gr.

Opérez comme pour la crême de framboises et
colorez en jaune clair avec le caramel.

On peut ajouter, si on le désire, un peu de cannelle, de girofle et de muscade, que l'on fait macérer avec les coings dans l'alcool.

### *Ratafia de Grenoble.*

| | |
|---|---|
| Cassis, | 1 kilogramme. |
| Framboises, | 1 — |
| Cerises, | 2 — |
| Mérises, | 1 — |
| Noix muscades. | 20 grammes. |
| Cannelle et girofle, | 20 — |

Ecrasez les fruits et pilez les autres substances, et faites macérer dans 7 litres d'alcool pendant un mois, tirez à clair et pressez, faites fondre 7 kilogrammes 500 grammes de sucre dans 4 litres d'eau, et lorsqu'il sera refroidi, mélangez le tout, délayez l'eau nécessaire à ajouter pour arriver à 20 litres de liqueur avec le marc, et pressez de nouveau, mélangez de nouveau le tout et filtrez.

### *Ratafia de Neuilly.*

| | | |
|---|---|---|
| Cassis, | 1 kilogr. | 500 gram. |
| Cerises noires, | 2 — | » |
| OEillets rouges, | » | 500 gram. |
| Alcool à 86 dégrés, | » kilogr. | 7 litres. |

Sucre fondu dans 4 litres d'eau 7 kilogr. 500 gr.

Opérez en tous points comme ci-dessus.

### *Guignolet d'Angers.*

| | |
|---|---|
| Cerises, | 2 kilogrammes. |
| Merises, | 2 — |

Alcool à 86 degrés,     7 litres.
Sucre fondu dans 4 litres d'eau 7 kilogr. 500 gr.
Opérez en tous points comme ci-dessus.

### Genièvre.

Baies de genièvre pilées,   350 grammes.
Alcool à 86 degrés,         6 lit. 50 cent.
Sucre fondu dans 4 litres d'eau 7 kilogr. 500 gr.
Opérez en tous points comme ci-dessus.

### Crême de Moka.

Café moka,              500 grammes.
Café martinique,        500     —
Café Ceylan,            500     —
Alcool à 86 degrés,     6 lit. 50 cent.
Sucre fondu dans 4 litres d'eau 7 kilogr. 500 gr,

Torréfiez légèrement le café, pilez-le grossièrement et faites-le macérer pendant 15 jours au moins dans l'alcool, au bout de ce temps tirez à clair, faites bouillir 3 litres d'eau et versez-la bouillante sur le marc de café, après refroidissement mélangez le tout et filtrez.

### Crême de Cacao.

Cacao torréfié comme le café,   1 kilogramme.
Alcool à 86 degrés,             6 lit. 50 cent.
Sucre fondu dans 4 litres d'eau 7 kilogr. 500 gr.
Opérez en tous points comme ci-dessus.

On peut améliorer cette liqueur en versant le sirop bouillant sur 5 grammes de vanille coupée en petits morceaux.

### Huile de Rhum.

Rhum à 52 degrés, 11 litres.
Sucre fondu dans 4 litres d'eau 7 kilogr. 500 gr.

Mélangez, ajoutez l'eau nécessaire pour arriver à 20 litres de liqueurs, colorez en jaune eau-de-vie avec le caramel et filtrez.

### Huile de Kirsch.

Kirschwasser à 52 degrés, 11 litres.
Sucre fondu dans 4 litres d'eau 7 kilogr. 500 gr.

Mélangez, ajoutez l'eau nécessaire pour arriver à 20 litres et filtrez.

### Crême de Roses.

Eau de roses triple supérieure, 3 litres » cent.
Alcool à 86 degrés, 6 — 50 —
Sucre, 7 kilogr. 500 gr.

Opérez comme ci-dessus et colorez en rose avec la cochenille.

### Crême de Fleurs d'Oranger.

Eau de fleurs d'oranger triple, 3 litres.
Alcool à 86 degrés, 6 litres 50 centilitres.

Sucre fondu dans 8 litres d'eau 7 kilogr. 500 gr.

Opérez comme ci-dessus. Cette liqueur reste blanche.

### Marasquin.

| | | |
|---|---|---|
| Eau de marasque supérieure, | 3 litres | » cent. |
| Eau de fleurs d'oranger, | » — | 50 — |
| Eau de roses, | » — | 50 — |
| Alcool à 86 degrés, | 6 — | 50 — |
| Sucre fondu dans 4 litres d'eau 7 kilogr. 500 gr. | | |

### Crême de Mille-Fleurs.

| | | |
|---|---|---|
| Eau de fleurs d'oranger, | 2 litres | » cent. |
| Eau de roses, | 1 — | » — |
| Alcool à 86 degrés, | 6 — | 50 — |
| Sucre fondu dans 4 litres d'eau 7 kilogr. 500 gr. | | |

Opérez comme ci-dessus, en faisant dissoudre dans l'alcool au moment du mélange 4 grammes d'extrait de jasmin. Cette liqueur reste blanche.

### Curaçao.

| | | |
|---|---|---|
| Zestes de curaçao de Hollande, | 1 kilogramme. | |
| Zestes d'oranges douces, | 100 grammes. | |
| Cannelle, | 15 — | |
| Girofle, | 15 — | |
| Alcool à 86 degrés, | 7 litres. | |
| Sucre fondu dans 4 litres d'eau 7 kilogr. 500 gr. | | |

Laissez macérer, après les avoir pilées, toutes

les substances ci-dessus dans l'alcool pendant un mois, tirez à clair, pressez et mélangez en ajoutant l'eau nécessaire pour arriver à **20** litres, colorez avec la teinture de curaçao ou avec le caramel et l'orseille et filtrez.

### Crême de Noyaux.

Amandes d'abricots,    700 grammes.
Alcool à 86 degrés,        6 litres 50 cent.
Sucre fondu dans 4 litres d'eau 7 kilogr. 500 gr.

Pilez les amandes et laissez-les macérer dans l'alcool pendant un mois, passez à la chausse ou au tamis pour séparer les amandes, pressez, mélangez, ajoutez l'eau nécessaire et filtrez.

### Crême de cachou.

Cachou pilé,        500 grammes.
Alcool à 06 degrés,        6 litres 50 cent.
Sucre fondu dans 4 litres d'eau 7 kilogr. 500 gr.

Laissez macérer le cachou dans l'alcool pendant un mois, tirez à clair et pressez le marc sur lequel vous passerez l'eau nécessaire pour arriver à la quantité de **20** litres, mélangez le tout avec le sirop de sucre que vous verserez bouillant sur **10** grammes de vanille coupée en petits morceaux, colorez en jaune foncé avec le caramel et filtrez.

### Crème d'OEillets.

Fleurs d'œillets rouges mondés, 1 kil. 500 gr.
Cannelle de Ceylan, » — 10 —
Girofle, » — 10 —
Alcool à 86 degrés, 6 lit. 50 ct².
Sucre fondu dans 4 litres d'eau, 7 kil. 500 gr.

Pilez et laissez macérer le tout pendant quelques jours dans l'alcool, tirez à clair et pressez, mélangez en ajoutant 1 litre d'eau de roses et l'eau nécessaire pour arriver à 20 litres, colorez en rouge avec la cochenille et filtrez.

### Crème de céleri.

Semences de céleri, 500 grammes.
Coriandre, 60 —
Girofle, 10 —
Alcool à 86 degrés, 6 litres 50 cent.
Sucre fondu dans 4 litres d'eau, 7 kil. 500 gr.

Pilez les substances ci-dessus et laissez-les macérer pendant un mois dans l'alcool, tirez à clair et pressez le marc que vous délayez dans l'eau nécessaire pour arriver à 20 litres et pressez de nouveau, mélangez le tout et filtrez.

### *Elixir de Garus.*

| | |
|---|---|
| Myrrhe, | 12 grammes. |
| Aloès, | 12 — |
| Girofle, | 15 — |
| Noix muscades, | 15 — |
| Cannelle de Ceylan, | 15 — |
| Alcool à 86 degrés, | 6 litres 50 cent. |

Sucre fondu dans 4 litres d'eau, 7 kil. 500 gr.

Pilez les substances ci-dessus et laissez-les macérer pendant quelques jours dans l'alcool, tirez à clair et délayez les substances dans l'eau nécessaire pour arriver à 20 litres, mélangez le tout, colorez en jaune d'or avec le safran et filtrez.

On peut ajouter pour améliorer cette liqueur une infusion de 250 grammes de capillaire dans 2 litres d'eau bouillante.

### *Elixir de Raspail.*

| | |
|---|---|
| Semences d'angélique, | 300 grammes. |
| Racines d'angélique, | 150 — |
| Calamus aromaticus, | 50 — |
| Myrrhe, | 25 — |
| Cannelle de Ceylan, | 25 — |
| Aloès, | 15 — |
| Girofle, | 15 — |
| Noix muscades, | 5 — |
| Alcool à 86 degrés, | 6 litres 50 cent. |

Sucre fondu dans 4 litres d'eau, 7 kil. 500 gr.

Pilez toutes les substances ci-dessus et laissez-les macérer pendant quelques jours dans l'alcool, tirez à clair et délayez le marc dans l'eau nécessaire à ajouter pour arriver à 20 litres. Versez le sirop bouillant sur 15 grammes de vanille coupée en petits morceaux; lorsqu'il sera refroidi, mélangez le tout, colorez en jaune d'or avec le safran, filtrez et mettez en bouteilles.

### Eau des belles femmes.

| | | |
|---|---|---|
| Eau de fleurs d'oranger, | 1 litre | 50 cent. |
| Eau de roses, | 1 — | ʾ — |
| Alcool à 86 degrés, | 6 — | 50 — |

Sucre fondu dans 4 litres d'eau, 7 kil. 500 gr.

Versez le sirop bouillant sur 10 grammes de vanille coupée en petits morceaux, mélangez le tout, colorez en rose avec la cochenille et filtrez.

On peut ajouter à cette liqueur une ou deux feuilles d'or délayées dans un peu de liqueur par chaque bouteille.

### Punch des Arabes.

| | | |
|---|---|---|
| Alcool à 86 degrés, | 3 litres | ʾ cent. |
| Esprit de moka, | 3 — | 50 — |
| Vanille, | 10 grammes. | |
| Acide tartrique, | 50 — | |

Sucre fondu dans 4 litres d'eau, 6 kil. 500 gr.

Coupez la vanille par petits morceaux et versez dessus 1 litre d'eau bouillante, faites dissoudre l'acide tartrique dans un demi-litre d'eau et mélangez le tout, colorez en rouge clair avec la cochenille et filtrez.

### *Punch au rhum.*

| | |
|---|---|
| Rhum ou tafia à 54 degrés, | 8 litres. |
| Eau-de-vie ordinaire, | 3 — |
| Esprit de citrons, | 5 centilitres. |
| Acide citrique, | 50 grammes. |
| Thé, | 40 — |

Sucre fondu dans 4 litres d'eau, 6 kil. 500 gr.

Faites infuser le thé dans 1 litre d'eau bouillante, laissez refroidir et passez; faites dissoudre l'acide citrique dans un verre d'eau; mélangez le tout avec le sirop de sucre, colorez en jaune eau-de-vie avec le caramel et filtrez.

Le punch au cognac se prépare de même en emplaçant le rhum par du cognac.

### *Punch au kirsch.*

| | |
|---|---|
| Kirsch ordinaire, | 8 litres. |
| Alcool à 86 degrés, | 2 — |
| Esprit de citrons, | 5 centilitres. |
| Acide citrique, | 15 grammes. |

Sucre fondu dans 4 litres d'eau, 6 kil, 500 gr.

Faites dissoudre l'acide citrique dans un verre d'eau et mélangez le tout, ajoutez la quantité d'eau nécessaire pour arriver à 20 litres et filtrez. Ce punch ne se colore pas.

Il ne faut pas confondre les punchs ci-dessus avec les sirops de punch, ceux-là sont destinés à être consommés froids et en nature, tandis qu'on ajoute aux sirops de punch 2 parties d'eau bouillante sur 1 partie de liqueur.

Le punch ordinaire se prépare de même que le punch au rhum, en remplaçant celui-ci par de l'eau-de-vie ordinaire.

On observera que toutes les recettes qui précèdent s'appliquent à la fabrication de 20 litres de liqueur; si par le mélange de l'alcool parfumé avec le sirop, on n'obtenait pas cette quantité, on la complèterait avec de l'eau. On ajoutera aussi à toute liqueur colorée une dissolution de 4 grammes d'alun de Rome dans un demi-verre d'eau.

Il est nécessaire de noter que toutes les liqueurs sans distillation, quelque bien préparées qu'elles soient, n'ont jamais la finesse de parfum et de goût de celles préparées par distillation.

## Recettes pour la fabrication des liqueurs demi-fines par distillation.

Les recettes qui suivent s'appliquent toujours à la fabrication de 20 litres de liqueur.

### Anisette.

| | |
|---|---|
| Anis vert, | 400 grammes. |
| Coriandre, | 60 — |
| Cannelle, | 30 — |
| Alcool à 86 degrés, | 6 litres. |

Sucre fondu dans 3 litres d'eau 5 kilogrammes.

Pilez les substances ci-dessus, faites-les macérer dans l'alcool pendant 2 jours, ajoutez 3 litres d'eau et distillez au bain-marie pour retirer 6 litres d'esprit parfumé, mélangez avec le sirop de sucre, ajoutez la quantité d'eau nécessaire pour faire 20 litres de liqueur et filtrez.

### Curaçao.

| | |
|---|---|
| Zestes de curaçao de Hollande, | 800 grammes. |
| Cannelle de Ceylan, | 60 — |

Alcool et sucre, même quantité que ci-dessus.

Opérez comme ci-dessus, colorez avec l'orseille et le caramel et filtrez.

### Crême de menthe.

| | |
|---|---|
| Menthe poivrée, | 800 grammes. |
| Alcool à 86 degrés, | 6 litres. |

Sucre fondu dans 3 litres d'eau 5 kilogrammes.

Opérez comme ci-dessus en faisant dissoudre dans l'alcool parfumé 5 grammes d'essence de menthe. Cette liqueur reste blanche.

### Crême de Moka.

Café ordinaire,       800 grammes.
Alcool à 86 degrés,       6 litres.
Sucre fondu dans 3 litres d'eau 5 kilogrammes.

Torréfiez le café, pilez-le grossièrement et faites macérer pendant plusieurs jours dans l'alcool, ajoutez l'eau nécessaire et distillez au bain-marie, mélangez, ajoutez l'eau nécessaire et filtrez.

### Crême de cacao.

Cacao torréfié,       800 grammes.
Alcool à 86 degrés,       6 litres.
Sucre fondu dans 3 litres d'eau 5 kilogrammes.

Opérez en tous points comme ci-dessus. Cette liqueur reste blanche.

### Crême de céleri.

Semences de céleri,       350 grammes.
Alcool et sucre, quantité connue.

Opérez comme d'habitude. Cette liqueur reste blanche.

## Crémé de noyaux.

Amandes d'abricots,    800 grammes.

Alcool et sucre, quantité connue.

Pilez les amandes et opérez comme d'habitnde.

Cette liqueur reste blanche.

## Parfait-amour.

Zestes de citrons,          200 grammes.

Coriandre,              100    —

Alcool et sucre, quantité connue.

Opérez comme ci-dessus et colorez en rouge.

## Plaisir des dames.

Amandes amères concassées,   200 grammes.

Semences d'angélique,          60    —

Cannelle de Ceylan,            15    —

Coriandre,                     15    —

Alcool et sucre, quantité connue.

Opérez comme ci-dessus et colorez en rouge avec l'orseille.

## Créme d'angélique.

Semences d'angélique,       250 grammes.

Racines d'angélique,        250    —

Alcool à 86 degrés,         6 litres.

Sucre fondu dans 3 litres d'eau, 5 kilogr.

Opérez comme ci-dessus. Cette liqueur reste blanche.

*Elixir de Garus.*

| | |
|---|---|
| Aloès succotrin, | 12 grammes. |
| Myrrhe, | 12 — |
| Noix muscades, | 12 — |
| Clous de girofle, | 12 — |
| Cannelle de Ceylan, | 12 — |
| Alcool à 86 degrés, | 6 litres. |

Sucre fondu dans 3 litres d'eau, 5 kilogr.

Opérez comme d'habitude, colorez en jaune d'or avec le safran et filtrez.

*Vespétro.*

| | |
|---|---|
| Anis vert, | 60 grammes. |
| Fenouil, | 60 — |
| Aneth, | 60 — |
| Coriandre, | 60 — |
| Carvi, | 40 — |
| Chervi, | 40 — |
| Semences d'angélique, | 20 — |

Alcool et sucre, quantité connue.

Opérez comme ci-dessus et colorez en jaune d'or avec le caramel et le safran.

*Genièvre.*

Baies de genièvre sèches et pilées, 300 gr.
Alcool et sucre, quantité connue.

Opérez comme ci-dessus. Cette liqueur reste blanche.

### Crême de thé.

Thé,              300 grammes.
Alcool et sucre, quantité connue.

Faites infuser le thé pendant 2 heures dans 4 litres d'eau bouillante, après refroidissement ajoutez l'alcool et laissez macérer pendant 24 heures, distillez au bain-marie pour recevoir 6 litres d'esprit parfumé, mélangez avec le sirop de sucre, ajoutez l'eau nécessaire pour arriver à 20 litres de liqueur et filtrez. Cette liqueur reste blanche.

### Crême de citrons.

Zestes de citrons,      200 grammes.
Cannelle de Ceylan,      60      —
Alcool et sucre, quantité connue.

Opérez comme ci-dessus, colorez en jaune d'or avec le caramel et filtrez.

### Crême d'oranges.

Zestes d'oranges douces,   200 grammes.
Noix muscades,              15      —
Alcool et sucre, quantité connue.

Opérez comme ci-dessus et colorez en jaune d'or avec le caramel.

### *Citronnelle.*

| | | |
|---|---|---|
| Zestes de citrons, | 200 | grammes. |
| Zestes d'oranges douces, | 50 | — |
| Girofle, | 10 | — |
| Muscades, | 10 | — |

Alcool et sucre, quantité connue.

Opérez comme ci-dessus et colorez en jaune d'or avec le caramel.

### *Crême de cédrats.*

Zestes de cédrats,      200 grammes.
Alcool à 86 degrés,      6 litres.
Sucre fondu dans 3 litres d'eau, 5 kilogrammes.

Opérez comme ci-dessus et colorez en jaune d'or avec le caramel.

### *Crême de bergamottes.*

Zestes de Bergamottes,   200 grammes.
Alcool à 86 degrés,      6 litres.
Sucre fondu dans 3 litres d'eau, 5 kilogrammes.
Opérez comme ci-dessus et colorez de même.

### *Fine-orange.*

Zestes d'oranges douces,  200 grammes.
Alcool et sucre comme ci-dessus.
Opérez comme ci-dessus et colorez de même.

## Recettes pour la fabrication des liqueurs demi-fines sans distillation.

De même que les liqueurs fines sans distillation, la plupart des liqueurs demi-fines par infusion ou macération exigent moins d'alcool que celles distillées.

La presque totalité des liqueurs par infusion est connue sous le nom de ratafias. D'après certains auteurs, l'origine du mot ratafia serait la même que celle de ratafier et dériverait des deux mots latins *rata fiant* (que les choses convenues soient faites). Cette opinion est basée sur ce que les anciens discutaient les affaires à table, et sanctionnaient les résolutions prises en buvant à la fin du repas quelques liqueurs agréables; un reste de cet usage existe encore de nos jours dans certaine classe du peuple.

Bien qu'en employant avec la plus scrupuleuse attention les doses que nous indiquons, il pourrait arriver qu'une liqueur faite à une époque fût inférieure à la même liqueur préparée à une autre époque : l'état des substances ou des fruits, leur plus ou moins de maturité, les influences de température, une infusion plus ou moins prolongée, etc., etc., sont autant de causes qui peuvent différencier les liqueurs. Ici notre mission s'arrête : nous ne pouvons communiquer à nos lecteurs cette habitude, ce tact, qui font qu'un bon liquoriste reconnaît tout de suite, en goûtant une liqueur, si elle possède le parfum désirable. Ce n'est que par une longue pratique que l'on peut acquérir cette expérience.

### Eau de noix.

Infusion de brou de noix,  4 litres 50 centil.
Alcool à 86 degrés,          2 —  50  —
Noix muscades,              15 grammes.
Sucre fondu dans 3 litres d'eau 5 kilogrammes.

Pilez les noix muscades et faites les macérer pendant quelques jours dans l'alcool, mélangez le tout, ajoutez la quantité d'eau nécessaire pour arriver à 20 litres, colorez en jaune foncé avec le caramel et filtrez.

### Autre.

Noix vertes cueillies avant que le bois ne soit formé,                                  130 noix.
Noix muscades, cannelle et girofle, 30 gr.
Sucre fondu dans 3 litres d'eau 5 kilogrammes.
Pilez le tout et laissez macérer pendant au moins un mois dans 4 litres d'alcool à 86 degrés. Au bout de ce temps faites fondre le sucre comme il a été dit, et lorsqu'il sera froid opérez le mé-

lange comme pour les autres liqueurs, en ajoutant 2 litres d'alcool à 86 degrés. Délayez le marc de noix dans l'eau destinée à compléter les 20 litres de liqueur et pressez. Colorez ensuite en jaune foncé avec le caramel et filtrez.

### Cassis.

Infusion de cassis première, 5 litres » cent.
Infusion de framboises, 1 — » —
Alcool à 86 degrés, 2 — 50 —
Sucre fondu dans 3 litres d'eau, 5 kilogrammes.

Mélangez le tout en remplaçant l'eau nécessaire à ajouter pour arriver à 20 litres par du bon vin rouge, et filtrez.

### Autre.

Cassis, 3 kilogrammes.
Fleurs d'œillets, 50 grammes.
Sucre fondu dans 3 litres d'eau, 5 kilogrammes.

Écrasez le cassis et laissez macérer avec les fleurs d'œillets pendant au moins un mois dans 4 litres d'alcool à 86 degrés. Au bout de ce temps, tirez à clair et pressez les grains, mêlez le tout avec le sirop de sucre en ajoutant 2 litres d'alcool à 86 degrés. Remplacez l'eau destinée à compléter les 20 litres de liqueur par du bon vin rouge dans lequel vous aurez soin de délayer le marc de cassis que vous pressez de nouveau, afin d'enlever tout l'alcool qu'il peut contenir, mélangez le tout et filtrez.

### *Crême de vanille.*

Vanille en gousse, 20 grammes.
Alcool à 86 degrés, 5 litres 60 cent.
Sucre fondu dans 3 litres d'eau, 5 kilogrammes.

Pilez dans un mortier avec une petite quantité de sucre la vanille que vous aurez coupée en petits morceaux. Faites bouillir 2 litres d'eau bouillante et versez-la sur la vanille dans une cruche que vous couvrez aussitôt hermétiquement; lorsque l'infusion sera refroidie, ajoutez l'alcool et laissez macérer pendant quelques jours. Faites fondre le sucre dans la quantité d'eau prescrite, et lorsqu'il sera refroidi, opérez le mélange, ajoutez l'eau nécessaire pour arriver à 20 litres de liqueur, colorez en rouge clair et filtrez.

### *Crême de violettes.*

Fleurs de violettes sèches, 400 grammes.
Alcool à 86 degrés, 5 litres 60 cent.
Sucre fondu dans 3 litres d'eau, 5 kilogrammes.

Faites bouillir les fleurs de violettes pendant 7 à 8 minutes dans le sirop, passez au tamis et pressez les fleurs; lorsque le sirop sera refroidi, mé-

langez avec l'alcool, ajoutez l'eau nécessaire pour
arriver à 20 litres, colorez en violet avec la coché-
nille et le bleu et filtrez.

### Crême de framboises.

Framboises bien mûres,      1 kilogr. 500 gram.
   Alcool et sucre même quantité que ci-dessus.

Faites macérer les framboises pendant 15 jours
au moins dans l'alcool, tirez à clair et délayez le
marc dans l'eau nécessaire à ajouter pour arriver
à 20 litres, pressez, mélangez le tout et filtrez. Si
la couleur n'est pas assez foncée, on y ajoute de la
couleur rouge.

### Crême de fraises.

Fraises bien mûres,                    2 kilogrammes.
Alcool à 86 dégrés,                    5 litres 80 cent.
Sucre fondu dans 3 litres d'eau,   5 kilogrammes.

   Opérez en tous points comme ci-dessus.

### Eau de coings.

Coings bien mûrs coupés en
  petits morceaux,                  2 kilogrammes.
Alcool à 86 dégrés,                    5 litres 80 cent.
Sucre fondu dans 3 litres d'eau,   5 kilogrammes.

   Opérez comme ci-dessus et colorez en jaune
avec le caramel.

On peut ajouter, si on le désire, un peu de cannelle, de girofle et de muscade que l'on fait macérer avec les coings dans l'alcool.

### Ratafia de Grenoble

| | |
|---|---|
| Cerises noires pilées, | 1 kilogramme. |
| Framboises, | 500 grammes. |
| Cassis, | 500 — |
| Noix muscades, | 20 — |
| Alcool à 86 degrés, | 5 litres 80 cent |
| Sucre fondu dans 3 litres d'eau, | 5 kilogrammes. |

Ecrasez et pilez les substances ci-dessus et opérez en tous points comme il vient d'être dit.

### Ratafia de Neuilly.

| | |
|---|---|
| Cerises noires pilées, | 1 kilogramme. |
| Cassis, | 1 — |
| OEillets rouges, | 400 grammes. |
| Alcool à 86 degrés, | 5 litres 80 cent. |
| Sucre fondu dans 3 litres d'eau, | 5 kilogrammes. |

Opérez en tous points comme ci-dessus.

### Guignolet d'Angers.

| | |
|---|---|
| Cerises noires, | 1 kilogr. 500 gr. |
| Merises, | 1 — 500 gr. |
| Alcool à 86 degrés, | 5 litres 80 cent. |

Sucre fondu dans 3 litres d'eau, 5 kilogrammes.
Opérez en tous points comme ci-dessus.

### Genièvre.

Baies de genièvre sèches et concassées 250 gram.
Noix muscades,                 10 grammes.
Alcool à 86 degrés,            5 litres 80 cent.
Sucre fondu dans 3 litres d'eau, 5 kilogrammes.
Opérez en tous points comme ci-dessus.

### Huile de rhum.

Rhum à 50 degrés,              10 litres.
Sucre fondu dans 3 litres d'eau, 5 kilogrammes.
Mélangez, ajoutez l'eau nécessaire pour arriver à 20 litres, colorez en jaune eau-de-vie avec le caramel et filtrez.

### Huile de kirsch.

Kirschwasser à 50 degrés,     10 litres.
Sucre fondu dans 3 litres d'eau,  5 kilogrammes.
Opérez comme ci-dessus. Cette liqueur reste blanche.

### Crême de Moka.

Café moka,                    300 grammes.
Café martinique,              300    —
Alcool à 86 degrés,           5 litres 60 cent.
Sucre fondu dans 3 litres d'eau,  5 kilogrammes.
Torréfiez légèrement le café, pilez-le et faites-le

macérer pendant 15 jours dans l'alcool, tirez à clair, faites bouillir 4 litres d'eau et versez-la bouillante sur le marc de café; mélangez le tout avec le sirop de sucre, ajoutez l'eau nécessaire, colorez en jaune eau-de-vie et filtrez.

### Crème de cacao.

Cacao torréfié comme le café,     600 grammes.

Alcool et sucre, même quantité que ci-dessus.

Opérez en tous points comme il vient d'être dit.

### Crème de roses.

Eau de roses, triple,                  2 litres 50 cent.

Alcool à 86 degrés,                    5 — 60 —

Sucre fondu dans 3 litres d'eau, 5 kilogrammes.

Mélangez le tout, colorez en rose et filtrez.

### Crème de fleurs d'oranger.

Eau de fleurs d'oranger triple,    2 litres 50 cent.

Alcool à 85 degrés,                    5 — 60 —

Sucre fondu dans 3 litres d'eau, 5 kilogrammes.

Eau, quantité nécessaire pour arriver à 20 litres.

Mélangez le tout; cette liqueur reste blanche.

### Marasquin de Zara.

Eau de marasque,                       2 litres » cent.

Eau de fleurs d'oranger,             » — 50 —

Eau de roses,                              » — 50 —

Alcool à 86 degrés,                    5 — 60 —

Sucre fondu dans 3 litres d'eau, 5 kilogrammes.
Eau, quantité nécessaire pour arirver à 20 litres.
Mélangez le tout; cette liqueur reste blanche.

### Crême de mille-fleurs.

Eau de fleurs d'oranger, 1 litre 50 cent.
Eau de roses,            1 —    »   —
Alcool à 86 degrés,      5 —    60  —
Sucre fondu dans 3 litres d'eau, 5 kilogrammes.

Opérez comme ci-dessus en faisant dissoudre dans l'alcool au moment du mélange 3 grammes d'extrait de jasmin et 3 grammes d'extrait de réséda. Cette liqueur reste blanche.

### Crême de noyaux.

Amandes d'abricots,    500 grammes.
Alcool à 86 degrés,    5 litres 60 cent.
Sucre fondu dans 3 litres d'eau, 5 kilogrammes.

Eau, quantité nécessaire pour arriver à 20 litres.

Pilez les amandes et laissez-les macérer dans l'alcool pendant un mois, passez à la chausse ou au tamis pour séparer les amandes, mélangez le tout et filtrez. Cette liqueur reste blanche.

### Crême d'œillets.

Fleurs d'œillets rouges mondés, 1 kilogramme.

Cannelle de Ceylan concassée,     7 grammes.
Girofle pilé,                     7    —
Alcool à 86 degrés,               5 litres 60 cent.
Sucre fondu dans 3 litres d'eau, 5  kilogrammes.

Laissez macérer le tout pendant quelques jours dans l'alcool et pressez; délayez le marc dans la quantité d'eau nécessaire à ajouter, pressez de nouveau, mélangez le tout, colorez en rouge avec la cochenille et filtrez.

*Curaçao.*

Zestes de curaçao de Hollande,   700 grammes.
Zestes d'oranges douces,          80    —
Cannelle de Ceylan,               10    —
Girofle,                          10    —
Alcool à 86 degrés,                   6 litres.
Sucre fondu dans 3 litres d'eau, 5 kilogrammes.
Eau, quantité nécessaire pour arriver à 20 litres.

Pilez toutes les substances ci-dessus et laissez-les macérer pendant 15 jours au moins dans l'alcool; au bout de ce temps, tirez à clair et délayez le marc dans la quantité d'eau nécessaire à ajouter, pressez, mélangez le tout, colorez avec la teinture de curaçao ou avec le caramel et l'orseille et filtrez.

*Punch au rhum.*

Tafia ou rhum nouveau à 50 degrés, 6 litres.
Eau-de-vie ordinaire, 4
Esprit de citrons, 5 centil.
Sucre fondu dans 4 litres d'eau, 5 kilogr.
Acide citrique dissous dans un verre
        d'eau, 40 grammes.
Eau, quantité nécessaire pour arriver à 20 litres.

Mélangez le tout, colorez en jaune eau-de-vie avec le caramel et filtrez.

Préparez de même les punchs au cognac et au kirsch, en remplaçant le rhum par du cognac ou du kirsch et en employant pour ce dernier de l'eau-de-vie blanche, afin qu'il ne soit pas coloré.

### Recettes pour la fabrication des liqueurs fines par essences.

On fabrique actuellement beaucoup de liqueurs parfumées au moyen de la dissolution d'une ou plusieurs huiles volatiles. Quoique très-aromatiques, ces liqueurs gardent une certaine âcreté qui les fait reconnaître. On peut en fabriquer des ordinaires, des demi-fines, des fines et des surfines.

On opère de la même façon pour ces diverses sortes ; elles se distinguent par les quantités de matières employées, et quelquefois par une ou plusieurs de leurs substances composantes.

En vieillissant, ces liqueurs par essences perdent une grande partie de leur arôme. Il faut avoir soin de se procurer des essences de bonne qualité, qui ne soient ni vieilles, ni mélangées et les prendre de premier choix chez des négociants loyaux et connus.

La dose d'alcool et de sucre pour ces liqueurs est invariable. Voici la quantité à employer pour la fabrication de 20 litres de liqueurs fines :

Alcool à 86 degrés, 6 litres 50 cent.
Sucre fondu dans 4 litres d'eau, 7 kilog. 500 gr.

### Anisette de Bordeaux.

Essence de badiane, 10 grammes.
— d'anis vert, 5 —
— de coriandre, 25 centigrammes.
— de fenouil, 1 gramme.
Alcool et sucre, quantité connue.

Remplissez de l'alcool ci-dessus la moitié d'un flacon de la contenance d'environ 1 litre, versez dedans les essences, agitez fortement pendant 3 ou 4 minutes, remplissez le flacon d'alcool et continuez d'agiter encore pendant quelques instants. Versez cette dissolution dans le vase destiné à opérer le mélange et versez dessus le reste de l'alcool destiné à la fabrication; mélangez bien pendant quelques minutes, ajoutez le sirop de sucre, mélangez encore, ajoutez enfin la quantité d'eau nécessaire pour arriver à **20** litres de liqueur, filtrez et mettez en bouteilles.

Opérez de même pour toutes les recettes des liqueurs fines qui vont suivre, en employant toujours la même quantité d'alcool et de sucre.

### Curaçao de Hollande.

Essence de curaçao de Hollande, **12** grammes.
    —     d'oranges douces,     **4** —
    —     de girofle,     **4** —
    Alcool et sucre, quantité connue.

### Crême de menthe.

Essence de menthe anglaise, **10** grammes.
    Alcool et sucre, quantité connue.

Opérez en tous points comme ci-dessus. Cette liqueur reste blanche.

### Crême de roses.

Essence de roses, **3** grammes.
    Alcool et sucre, quantité connue.

Opérez comme ci-dessus et colorez en rouge clair.

### Crême de fleurs d'oranger.

Essence de néroli, **3** grammes.

Opérez comme ci-dessus. Cette liqueur reste blanche.

### Crême de noyaux.

Essence de noyaux,   8 grammes.

Opérez comme ci-dessus. Cette liqueur reste blanche.

### Persicot.

Essence de persicot,   8 grammes.

Opérez comme ci-dessus. Cette liqueur reste blanche.

### Citronnelle.

Essence de citrons,   10 grammes.

Opérez comme ci-dessus et colorez en jaune d'or avec le caramel.

### Marasquin.

Essence de marasque,   8 grammes.  
Alcool à 86 degrés,   5 litres » cent.  
Kirschwasser,   2 — 50 —

Opérez comme ci-dessus. Cette liqueur reste blanche.

### Rosolio.

Extrait de vanille,   10 grammes.  
Essence de roses,   1 —  
Eau de fleurs d'oranger,   1 litre.

Opérez comme ci-dessus et colorez en rouge.

*Crême de Portugal.*

Essence de Portugal,     10 grammes.

Opérez comme ci-dessus et colorez en jaune d'or avec le caramel.

*Eau d'or.*

Essence de cannelle,     3 grammes.
— de macis,                3 —
— de citrons,             6 —

Opérez comme ci-dessus, colorez en jaune d'or et ajoutez par chaque bouteille une feuille d'or brisée.

*Eau d'argent.*

Essence de cédrats,     8 grammes.
— de roses,              1 —

Opérez comme ci-dessus et ajoutez une feuille d'argent brisée. Cette liqueur reste blanche ou se colore en rouge clair.

*Crême des nymphes.*

Essence de cannelle de Ceylan,  3 grammes.
— de muscades,            1 —
— de roses,               1 —

Opérez comme ci-dessus. Cette liqueur reste blanche.

*Crême de jasmin.*

Extrait de jasmin,     25 grammes.

Opérez comme ci-dessus. Cette liqueur reste blanche.

### Crême de réséda.

Extrait de réséda, 30 grammes.

Opérez comme ci-dessus. Cette liqueur reste blanche.

### Eau de chasseur.

Essence de menthe anglaise, 6 grammes.
— de muscades, 2 —

Opérez comme ci-dessus et colorez en vert avec le bleu et le safran.

### Crême de jonquille.

Extrait de jonquille, 30 grammes.
Opérez comme ci-dessus et colorez en jaune d'or avec le caramel.

### Crême d'héliotrope.

Extrait d'héliotrope, 35 grammes.
Opérez comme ci-dessus et colorez en rose clair avec la cochenille.

### Crême de tubéreuse.

Extrait de tubéreuse, 30 grammes.
Opérez comme ci-dessus. Cette liqueur reste blanche.

*Grande-chartreuse.*

Essence de menthe anglaise,    4 grammes.
   —    d'angélique,    2   —
   —    de mélisse citronnée, 50 centigram.
   —    d'hysope,    50   —
   —    de cannelle,    50   —
   —    de muscades,    50   —
   —    de girofle,    50   —

Opérez comme ci-dessus et colorez en jaune d'or avec le safran.

*Crême de mille-fleurs.*

Extrait de jasmin,    4 grammes.
   —    de réséda,    4   —
   —    d'héliotrope,    5   —
   —    de jonquille,    3   —
Essence de néroli,    1   —
   —    de roses,    50 centigram.

Opérez comme ci-dessus. Cette liqueur reste blanche.

*Crême de cédrats.*

Essence de cédrats,    10 grammes.

Opérez comme ci-dessus et colorez en jaune d'or avec le caramel.

### Élixir de Garus.

Essence de cannelle,      2 grammes,
— de girofle,      1 —
— de muscades,      50 centigram.

Faites dissoudre les essences dans l'alcool, ainsi qu'il a été dit, et faites macérer pendant 4 jours dans l'alcool parfumé les substances suivantes :

Aloès succotrin,      10 grammes.
Myrrhe,      5 —

Mélangez le tout, ainsi qu'il a été dit pour les autres liqueurs, en ajoutant un sirop fait avec 7 kilogr. 500 grammes de sucre fondu dans 4 litres d'eau, colorez en jaune d'or avec le safran et le caramel et filtrez.

### Crême d'angélique.

Essence d'angélique,      3 grammes.
— de fenouil,      1 —
— de coriandre,      50 centigram.

Opérez comme d'habitude. Cette liqueur reste blanche.

### Crême de vanille.

Extrait de vanille,      20 grammes.

Opérez comme ci-dessus et colorez en rouge clair avec la cochenille.

*Eau des belles-femmes.*

Extrait de vanille,      10 grammes.
Essence de néroli,       50 centigram.
— de roses,           25   —

Opérez comme ci-dessus et colorez en rose avec la cochenille.

*Crême des barbades.*

Essence de cédrats,      10 grammes.
— de Portugal,        5   —
— de cannelle,        1   —
— de girofle,         1   —
— de muscades,        50 centigram.

Opérez comme ci-dessus. Cette liqueur reste blanche.

*Vespétro.*

Essence d'anis,          8 grammes.
— de carvi,           5   grammes.
— de citrons,         3   —
— de fenouil,         1   —
— de coriandre,       50 centigram.

Opérez comme ci-dessus et colorez en jaune d'or avec le safran.

*Parfait-amour.*

Essence de girofle,      3 grammes.
— de macis,           2   —
— de citrons,         1   —

Opérez comme ci-dessus et colorez en rose avec la cochenille.

*Liqueur de Mézenc.*

Essence de muscades,             1 gramme.
— de camomille romaine,  2    —
— de daucus,             1    —
— de coriandre,          50 centigram.
— de macis,              50    —

Après dissolution des essences, faites macérer dans l'alcool pendant 8 jours :
Myrobolans pilés,                    10 grammes.
Ambrette pilée,                      10    —
Vanille coupée en petits morceaux,   8    —

Mélangez, opérez comme d'habitude et colorez en jaune d'or avec la teinture de curaçao.

## Recettes pour la fabrication des liqueurs demi-fines par essences.

Ces liqueurs se fabriquent de la même façon que les liqueurs fines par essences. Pour les liqueurs demi-fines autres que celles que nous donnons, on diminuera d'un cinquième la dose des essences portées aux liqueurs fines.

La dose d'alcool et de sucre pour toutes les liqueurs demi-fines est invariable; voici la dose à employer pour la fabrication de 20 litres :

Alcool à 86 degrés,   5 litres 60 centil.

Sucre fondu dans **3** litres d'eau, **5** kilogrammes.

On opère ainsi qu'il a été dit aux liqueurs fines par essences en faisant dissoudre dans l'alcool les essences indiquées pour chaque liqueur.

### *Anisette.*

Essence d'anis,         6 grammes.
— de badiane,       6 —
— de coriandre,   25 centigram.

Alcool et sucre comme il est dit ci-dessus.

Opérez en tous points comme il a été dit aux liqueurs fines par essences.

### *Curaçao.*

Essence de curaçao,     8 grammes.
— d'oranges douces,  1 —
— de girofle,      50 centigram.

Opérez comme ci-dessus et colorez ainsi qu'il a été dit au curaçao fin.

### *Crême de menthe.*

Essence de menthe anglaise,  7 grammes.

Opérez comme ci-dessus. Cette liqueur reste blanche.

### *Huile de roses.*

Essence de roses,  1 gramme 75 centigram.

Opérez comme ci-dessus et colorez en rouge clair.

### Crème de fleurs d'oranger.

Essence de néroli, **1** gramme **75** centigram.
Opérez comme ci-dessus. Cette liqueur reste blanche.

### Crème de noyaux.

Essence de noyaux,          **7** grammes.
Opérez comme ci-dessus. Cette liqueur reste blanche.

### Citronnelle.

Essence de citrons,          **7** grammes.
Opérez comme ci-dessus et colorez en jaune avec le caramel.

### Crème de Portugal.

Essence de Portugal,          **7** grammes.
Opérez comme ci-dessus et colorez en jaune avec le caramel.

### Crème de cédrats.

Essence de cédrats,          **7** grammes.
Alcool et sucre, quantité connue.
Opérez comme ci-dessus et colorez en jaune avec le caramel.

*Crême d'angélique.*

Essence d'angélique,   2 grammes 50 centigram.
  Opérez comme ci-dessus. Cette liqueur reste
blanche.

*Crême de céleri.*

Essence de céleri,                3 grammes.
  Opérez comme ci-dessus. Cette liqueur reste
blanche.

*Crême de vanille.*

Extrait de vanille,            15 grammes.
  Opérez comme ci-dessus et colorez en rose.

*Parfait-amour.*

Essence de girofle,          3 grammes.
  —      de macis,          1      —
  —      de citrons,       50 centigram.
  Opérez comme ci-dessus et colorez en rose.

*Crême de jasmin.*

Extrait de jasmin,          20 grammes.
  Opérez comme ci-dessus. Cette liqueur reste
blanche.

**Liqueurs ordinaires.**

Les liqueurs ordinaires se préparent toutes par
dissolution d'essences ou par le mélange d'eaux

distillées aromatiques, et quelquefois encore par infusion ou macération de fruits dans l'alcool.

Voici les recettes pour leur fabrication par ces diverses manières :

### Anisette.

Essence d'anis,      5 grammes.
— de badiane,      5 —
— de coriandre,      20 centigrammes.
Alcool à 86 degrés,      5 litres.
Sucre fondu dans 2 litres d'eau 2 kil. 500 gr.

On opère ainsi qu'il a été dit aux liqueurs fines par essences, en observant que toutes ces doses s'appliquent à la fabrication de 20 litres de liqueur.

### Curaçao.

Essence de curaçao,      7 grammes.
Opérez comme ci-dessus et colorez avec l'orseille et le caramel.

### Cassis.

Cassis bien mûr,      2 kilogrammes.
Fleurs d'œillets,      15 grammes.
Alcool à 86 degrés,      5 litres 50 centil.
Sucre fondu dans 2 litres d'eau, 2 kil. 500 gram.

Opérez ainsi qu'il a été dit au cassis demi-fin.

*Autre.*

Infusion de cassis,       5 litres  » cent.
Alcool à 86 degrés,    2 —   50 —
Sucre fondu dans 2 litres d'eau, 2 kilogr. 500 gr.

Mélangez le tout en remplaçant l'eau nécessaire à ajouter pour arriver à 20 litres par de bon vin rouge, et filtrez.

*Eau de noix.*

Noix vertes cueillies avant que le bois ne soit formé : 100.

Girofle, cannelle et muscades, de chaque : 10 grammes.

Alcool à 86 degrés, 5 litres 50 centilitres.
Sucre fondu dans 2 litres d'eau, 2 kilogr. 500 gr.

Opérez de même que pour l'eau de noix demi-fine.

*Autre.*

Infusion de noix vertes,  5 litres  » cent.
Alcool à 86 degrés,    2 —   50  —
Noix muscades,      12 grammes.
Sucre fondu dans 2 litres d'eau, 2 kilogr. 500 gr.

Pilez les noix muscades et faites-les macérer pendant quelques jours dans l'alcool, mélangez le tout, ajoutez la quantité d'eau nécessaire pour arriver à 20 litres, colorez en jaune foncé avec le caramel et filtrez.

### Huile de roses.

Eau de roses triple,     1 litre 50 centil.
Alcool à 86 degrés,       5 —   »   —
Sucre fondu dans 2 litres d'eau, 2 kilogr. 500 gr.

Mélangez le tout, ajoutez l'eau nécessaire pour arriver à 20 litres de liqueur, colorez en rose et filtrez.

### Crême de fleurs d'oranger.

Eau de fleurs d'oranger triple,     1 litre 50 centil.
Alcool à 86 degrés,                 5 —   »   —
Sucre fondu dans 2 litres d'ean, 2 kilogr. 500 gr.

Opérez comme ci-dessus. Cette liqueur reste blanche.

### Crême de menthe.

Eau de menthe poivrée,   1 litre 75 centil.
Alcool à 86 degrés,       5 —   »   —
Sucre fondu dans 2 litres d'eau, 2 kilogr. 500 gr.

Opérez comme ci-dessus. Cette liqueur reste blanche.

### Marasquin.

Eau de marasque,    1 litre 50 centil.
Alcool à 86 degrés, 5 —   »   —
Sucre fondu dans 2 litres d'eau, 2 kilogr. 500 gr.

Opérez comme ci-dessus. Cette liqueur reste blanche.

### Crême de noyaux.

Essence de noyaux, 5 grammes.
Alcool à 86 degrés, 5 litres.
Sucre fondu dans 2 litres d'eau, 2 kilogr. 500 gr.
Faites dissoudre l'essence dans l'alcool, et opérez ainsi qu'il a été dit.

### Parfait-amour.

Essence de citrons, 2 grammes.
— de coriandre, 2 —
Alcool à 86 degrés, 5 litres.
Sucre fondu dans 2 litres d'eau, 2 kilogr. 500 gr.

Eau nécessaire pour arriver à 20 litres, opérez comme ci-dessus et colorez en rose.

### Infusions.

Les infusions sont des alcools saturés de principes odorants obtenus sans le secours de la distillation, à l'aide seulement de la macération.

### Infusion de vanille.

Vanille du Mexique découpée, 150 grammes.
Alcool à 86 degrés, 10 litres.
Faire macérer pendant une quinzaine de jours au moins, en agitant de temps en temps.

*Infusion d'iris.*

Iris de Florence, pulvérisée,     4 kil. 250 gr.
Alcool à 86 degrés,               10 litres.
Opérez comme ci-dessus.

*Infusion de curaçao.*

Ecorces de curaçao de Hollande,     5 kilogr.

Alcool à 86 degrés,                 10 litres.
Pilez les écorces, faites infuser pendant dix jours et filtrez.

*Infusion de coques d'amandes amères.*

Coques d'amandes amères,     10 kilogr.
Alcool à 86 degrés,          20 litres.
Laissez macérer pendant 2 mois.

*Infusion de petite absinthe.*

Feuilles et sommités de petite absinthe,   5 kilog.
Alcool à 86 degrés,                        20 litres.
Quinze jours de macération.

*Infusion d'hysope.*

Sommités fleuries et sèches d'hysope,   5 kilog.
Alcool à 86 degrés,                     20 litres.
Pilez et laissez macérer pendant 15 jours.

*Infusion de mélisse.*

Feuilles sèches de mélisse citronnée,   5 kilog.

Alcool à 86 degrés,                      20 litres.
Pilez et laissez macérer 15 jours.

*Infusion de feuilles de cassis.*

Feuilles récentes de cassis,       5 kilogr.
Alcool à 86 degrés,               20 litres.
Laissez macérer un mois.

*Infusion de cassis.*

Il faut apporter un grand soin dans le choix du fruit, le bien égrapper, ne prendre que les grains bien mûrs et rejeter tous ceux qui seraient verts ou pourris. Si l'on tient plus au parfum qu'à la couleur, on n'écrasera pas le fruit pour l'infusion.

On place les grains de cassis dans un vaisseau bien propre et l'on verse par-dessus de l'alcool à 86 degrés, bien rectifié et bien neutre. Il faut de l'alcool en quantité suffisante pour bien mouiller le fruit. On laisse la macération s'opérer pendant trois ou quatre semaines.

L'odeur du cassis est très-forte et son infusion est beaucoup plus agréable, son parfum plus délicat, si l'on n'écrase pas les fruits. Cette macération doit se faire dans un local tempéré plutôt que dans une cave.

Après trois ou quatre semaines de contact avec le fruit, l'alcool est soutiré. Le liquide obtenu s'appelle infusion première, infusion vierge. On la réserve pour la liqueur de première qualité.

Mais la première infusion n'a pas enlevé au fruit tous ses principes utiles; il convient de répéter les infusions ou macérations jusqu'à parfait épuisement du cassis.

La deuxième infusion se fait avec de l'alcool à 60 degrés; on peut alors écraser et fouler le fruit; la troisième infusion réclame de l'alcool à 50 degrés; et afin de ne rien laisser dans le cassis, on fait une quatrième macération avec du vin rouge de Bourgogne, de bonne qualité; chacune de ces macérations doit durer trois à quatre jours.

Le liquide des dernières infusions sert à préparer des liqueurs de qualités intermédiaires.

Pour donner plus d'arôme à l'infusion, on peut y ajouter quelques poignées de feuilles de cassis. C'est dans la feuille et dans la pellicule du grain que réside le parfum.

*Infusion de framboises.*

Framboises bien mûres,     10 kilogrammes.
Alcool à 86 degrés,     10 litres.
Laissez macérer un mois.

*Infusion de merises.*

On prend : merises bien mûres, 1,000 grammes.
alcool rectifié,     1,000     —

On déchire, on broie, on pétrit avec les mains les merises, de manière à bien diviser leur parenchyme. Dès qu'on en a fait une espèce de marmelade qui contient les noyaux, la chair et le jus, on y ajoute l'alcool, avec le soin de le mélanger intimement avec les merises. On bouche le vase et l'on abandonne la macération à l'action du temps.

Au bout d'un mois, on soutire tout le liquide, et sur le marc des merises, on verse une quantité de vin égale à celle du jus obtenu. On brasse le mélange de vin et de marc, et au bout de deux jours on retire tout le liquide.

L'addition du vin a pour but d'enlever tout l'alcool que le marc ou pulpe a retenu, et d'extraire tout ce qui reste des principes utiles de merises.

Après avoir soutiré ce vin, qui constitue une deuxième infusion, on le réunit à la première et l'on mêle.

Cette infusion de merises, d'alcool et de vin est une précieuse ressource pour bien des liquoristes, qui sont souvent, au milieu de l'année, dépourvus d'infusion de cassis.

L'infusion de merises, dans laquelle on verse l'infusion de feuilles de cassis dans l'alcool, rend de très-grands services pour la confection du cassis de qualité ordinaire.

*Infusion de brou de noix.*

On prend un poids égal de noix vertes, bien saines, et d'alcool à 60 degrés centésimaux, soit 1 kilogramme de noix pour 1 kilogramme d'alcool à 60 degrés.

On écrase, on pile les noix dans un mortier de marbre, de bronze ou de bois, mais non de fer. Le contact du fer noircit le brou de noix et communique un goût d'encre.

Les noix étant bien pilées, on en met la pulpe et le jus dans un vase en verre, en grès ou en bois, et l'on verse l'alcool par-dessus. On mélange et on laisse la macération s'opérer; après avoir bien bouché, on ferme le vase, afin d'éviter la déperdition de l'alcool.

Cette macération dure d'un à trois mois, et plus si l'on n'est pas trop pressé.

Pour extraire l'infusion, on exprime le brou et l'on conserve le liquide dans un fût pour s'en servir au besoin. Cette infusion gagne beaucoup de qualité en vieillissant; elle s'améliore plus rapidement dans un endroit tempéré que dans une cave.

L'infusion de brou de noix sert à faire la liqueur de ce nom, connue depuis longtemps par ses propriétés toniques et stomachiques.

— Ces diverses infusions peuvent être rechargées plusieurs fois.

## Des sirops.

### *Sirop de sucre brut.*

Le sirop de sucre brut ou de couleur est un liquide qui n'est composé que de sucre brut et d'eau. Pour fabriquer ce sirop, il convient de n'employer que des sucres en bon état, francs de goût et de mauvaises odeurs, afin d'éviter que le parfum des liqueurs qui en sont fabriquées soit altéré.

Voici comment on procède à la fabrication et à la clarification de ces sirops :

On met dans une bassine en cuivre rouge non étamé, de suffisante grandeur, 50 kilogr. de sucre martinique, on ajoute 20 litres d'eau pure d'une part, et 6 litres d'eau albumineuse d'autre part; on remue le tout avec une grande spatule de bois pour faire fondre le sucre et l'empêcher de s'attacher au fond de la bassine et on chauffe activement. Lorsque le sucre bout et commence à monter, verser de hauteur environ 1 litre d'eau albumineuse; par cette immersion, le sucre s'affaisse, pour remonter ensuite, verser alors une nouvelle et pareille quantité de la même eau, et arrêter le feu en fermant la porte du cendrier. Le sirop s'affaisse entièrement, l'écume acquiert plus de consistance; enlever cette écume à l'aide d'une écumoire, rendre de l'activité au feu et entretenir le sucre à une ébullition bien soutenue. Verser de nouveau 3 litres d'eau en deux ou trois fois, en ayant soin de toujours jeter cette eau de hauteur, et d'enlever l'écume. Lorsque le sirop ne présente plus qu'une petite écume légère et blanchâtre, qu'il est suffisamment transparent et que l'on aperçoit le fond de la bassine, on le passe à travers un blanchet ou une chausse. Si cependant le sirop n'était pas assez cuit, il faudrait le laisser sur le feu jusqu'à ce qu'il ait acquis le degré convenable; s'il était trop cuit et qu'il marquât un degré supérieur à 31 degrés, il faudrait le décuire avec de l'eau pour le ramener à ce degré.

L'eau albumineuse se prépare ainsi : prendre 6 ou 8 blancs d'œufs bien frais par 50 kilogr. de sucre brut, suivant la grosseur des œufs, les mettre dans une bassine avec les coquilles, ajouter un litre d'eau, puis battre le tout avec un fouet de brins d'osier ou de bouleau; ajouter ensuite à diverses reprises 7 litres d'eau afin de former 8 litres d'eau albumineuse.

Le sirop de sucre brut s'emploie dans la fabrication des liqueurs colorées ordinaires et demi-fines. Le liquoriste doit toujours en avoir une certaine quantité préparée d'avance; sa cuite doit marquer 31 degrés chaud et 35 froid; dans cet état, et en observant les conditions que nous avons déjà stipulées plus haut, il peut se conserver longtemps.

*Sirop de sucre blanc.*

Le sirop de sucre raffiné ou blanc se prépare de la manière suivante :

| | |
|---|---|
| Sucre raffiné, beau blanc, | 50 kilogr. |
| Eau pure, | 26 litres. |
| Blancs d'œufs, | 4 |

On met dans une bassine en cuivre rouge non étamé le sucre cassé en morceaux de moyenne grosseur. On ajoute 17 litres d'eau pure et 6 litres d'eau albumineuse; on remue le tout avec une spatule pour faire fondre le sucre, et on procède de la même façon que pour le sirop coloré, en poussant le feu vivement pour éviter que l'action prolongée du calorique ne colore le sirop, sans toutefois faire passer le sirop sur les bords de la bassine. Quand la cuite est convenable, on passe à travers un blanchet ou une chausse. Si on se sert d'une serviette de toile pour passer les sirops, il faut avoir soin de la mouiller avec de l'eau et de la presser avant de l'employer.

Le sirop de sucre blanc est employé pour la fabrication des liqueurs demi-fines, fines et surfines, quand on veut le conserver, on le met en bouteilles, alors qu'il est encore tiède, afin de faciliter son introduction dans ces vases; néanmoins il ne faudra boucher les bouteilles que lorsqu'il sera entièrement froid.

### Sirop de fleurs d'oranger.

| | |
|---|---|
| Sucre raffiné, beau blanc, | 50 kilogr. |
| Eau de fleurs d'oranger triple, | 5 litres. |
| Eau pure, | 21 — |
| Blancs d'œufs, | 4 |

Faire fondre le sucre cassé avec 13 litres d'eau pure et 6 litres d'eau albumineuse, clarifier selon la méthode connue, puis, après avoir passé le sirop, ajouter l'eau de fleurs d'oranger bien filtrée; mélanger vivement et couvrir. Ce sirop, qui doit peser 31 degrés après le mélange, pèsera néanmoins 36 degrés froid.

Le sirop de *roses* se prépare de la même manière.

### Sirop de capillaire.

| | |
|---|---|
| Sucre raffiné blanc, | 50 kilogr. |
| Capillaire du Canada, | 2 kil. 500 gr. |
| Eau pure, | 26 litres. |
| Blancs d'œufs, | 4 |

Faire infuser, pendant 2 heures, les 2/3 du capillaire dans 18 litres d'eau bouillante, ajouter le sucre à l'infusion ; après que celle-ci a été passée à travers un tamis, clarifier avec l'eau albumineuse et lorsque le sirop sera cuit à 31 degrés, le verser bouillant dans un conge ou autre vase sur le reste des feuilles de capillaire; laisser infuser pendant 2 heures et passer dans une chausse de laine avec trois ou quatre feuilles de papier à filtrer réduit en pulpes.

Si l'on ne pouvait se procurer que du capillaire de Montpellier, il faudrait avoir soin d'augmenter la dose d'un tiers.

### Sirop de thé.

Ce sirop se prépare de la même façon que le sirop de capillaire en n'employant que la moitié de la dose de feuilles, c'est-à-dire 1 kilogramme 250 grammes, savoir :

| | |
|---|---|
| Thé impérial, | 1 kilogr. |
| Thé pékao, | 250 grammes. |

### Sirop de gomme arabique.

| | |
|---|---|
| Sucre raffiné, beau blanc, | 50 kilogr . |
| Gomme arabique blanche, | 6 — |
| Eau pure, | 29 litres. |
| Blancs d'œufs, | 4 |

Laver la gomme pour lui enlever la poussière ou les autres matières qui pourraient s'être fixées dessus, et la faire fondre à froid dans trois litres d'eau, la filtrer et l'ajouter au sirop de sucre bouillant, qui, préalablement, aura été clarifié; continuer l'ébullition 2 ou 3 minutes, puis retirer la bassine de dessus le feu et s'assurer si le sirop pèse 32 degrés. Cuit à ce point, le passer très-chaud dans une chausse de laine avec du papier à filtrer réduit en pulpes (3 à 4 feuilles).

*Sirop de guimauve.*

Sucre raffiné blanc, 50 kilogrammes.

Racine de guimauve sèche, bien blanche et mondée, 5 kilogrammes.

Eau pure, 28 litres.

Blancs d'œufs, 5.

Laver et écraser la guimauve, la mettre ensuite dans une bassine sur le feu avec 20 litres d'eau, et faire bouillir pendant 20 minutes; passer le tout à travers un tamis sans presser, ajouter le sucre à cette infusion, clarifier, cuire à 32 degrés et filtrer comme pour le sirop de gomme; ajouter 25 centilitres d'eau de fleurs d'oranger, afin de rendre le parfum de ce sirop plus agréable.

8

### *Sirop de limons.*

| | |
|---|---|
| Sucre raffiné blanc, | 50 kilogr. |
| Esprit de citron concentré, | 50 centil. |
| Acide citrique, | 400 gram. |
| Eau pure, | 25 litres. |
| Blancs d'œufs, | 4 |

Clarifier et cuire à 32 degrés le sirop de sucre seulement, passer au blanchet ou à la chausse, puis ajouter l'esprit de citron et la dissolution d'acide citrique qu'on aura fait fondre dans un litre d'eau et ensuite filtrée; remuer vivement le mélange, le mettre en bouteilles aussitôt qu'il sera tiède et ne le boucher qu'après entier refroidissement.

L'acide tartrique peut au besoin remplacer l'acide citrique, mais il faut doubler la dose (800 grammes).

### *Sirop d'oranges.*

| | |
|---|---|
| Sucre raffiné blanc, | 50 kilogr. |
| Esprit d'oranges concentré, | 50 centilitres. |
| Acide tartrique, | 800 grammes. |
| Eau pure, | 25 litres. |
| Blancs d'œufs, | 4 |

Suivre en tous points, pour la manière d'opérer, les prescriptions de la recette précédente.

Le sirop d'*écorces d'oranges amères*, se prépare

comme le précédent, en employant la même quantité d'esprit de curaçao.

On prépare encore de la même façon les sirops d'*acide citrique* et d'*acide tartrique*, en employant 500 grammes d'acide pour le premier et 1 kilogr. pour le second.

### Sirop de violettes.

Sucre raffiné blanc, 50 kilogr.

Fleurs de violettes récentes mondées de leurs queues et calices, 5 kilogr.

Eau pure, 26 litres.

Piler très-légèrement, dans un mortier de marbre, les fleurs de violettes, puis les mettre dans un bain-marie en étain; verser dessus 15 litres d'eau à 60 degrés centigrades, agiter pendant quelques minutes et passer en exprimant légèrement; remettre les fleurs dans le bain-marie et verser dessus le reste d'eau bouillante (11 litres); après 12 heures d'infusion passer à travers d'un linge mouillé et propre, n'ayant aucune odeur, en exprimant; laisser déposer et décanter, remettre le liquide dans le bain-marie, ajouter le sucre, faire fondre à une chaleur douce et filtrer.

### Sirop d'orgeat.

Sucre raffiné beau blanc, 50 kilogr.

Amandes douces, 3 —

| Amandes amères, | 3 kilogrammes. |
| Gomme adragante entière, | 45 grammes. |
| Eau de fleurs d'oranger, | 50 centilitres. |
| Eau pure, | 28 litres. |

Laissez tremper les amandes dans une bassine d'eau bouillante jusqu'à ce que la peau s'enlève facilement, les jeter sur un tamis et les mettre dans une terrine d'eau fraîche; les monder pour les mettre encore dans une autre terrine d'eau fraîche, afin de les empêcher de jaunir, les broyer dans une sébille en ajoutant de l'eau des 28 litres par intervalles pour que les amandes ne puissent se transformer en huile; quand on a obtenu une pâte très-fine, la mettre dans une terrine et ajouter de l'eau pour former environ la moitié de la quantité prescrite (12 à 13 litres); passer à travers un tamis de crin assez serré et presser la pâte dans un linge; délayer de nouveau la pâte dans la terrine avec de l'eau de manière à former 26 litres de *lait d'amandes*; passer ce lait dans un tamis de soie et le jeter sur le sucre dans la bassine; chauffer en remuant pour faire fondre, ajouter l'eau de fleurs d'oranger et la gomme adragante, que l'on aura soin de faire dissoudre à froid d'avance avec 2 litres d'eau de la recette et de passer à travers un linge mouillé; mélanger le tout pendant quelques minutes et passer dans un tamis de soie fine.

On ne doit jamais écumer le sirop d'orgeat; il faut le tenir au frais.

### Autre.

On fabrique également des sirops en mélangeant du glucose au sucre pur.

| | |
|---|---|
| Sucre raffiné blanc, | 40 kilogr. |
| Sirop de fécule blanc à 36 degrés, | 15 litres. |
| Amandes douces, | 3 kilogr. |
| Amandes amères, | 3 — |
| Gomme adragante, | 30 gr. |
| Eau de fleurs d'oranger, | 50 centil |
| Eau pure, | 21 litres. |

Mettre le sirop de fécule sur le sucre pur et opérer comme ci-dessus.

### Sirop de groseilles.

Sucre raffiné blanc, 50 kilogrammes.

Conserve de groseilles (2$^{me}$ qualité), 26 litres.

Verser la conserve, décantée et filtrée, sur le sucre dans une bassine, chauffer rapidement et remuer avec une spatule; aussitôt le premier bouillon, enlever de dessus le feu et laisser reposer un instant pour que l'écume s'affaisse; lorsque cette écume sera un peu compacte, l'enlever soigneusement avec l'écumoire; passer ensuite à travers un blanchet ou une chausse sans filtrer ; le sirop doit peser 32 degrés chaud.

Le sirop de groseilles se clarifie de lui-même ; mais on aura soin de ne pas agiter le sirop quelques instants avant le bouillonnement pour ne pas entraver la clarification, et par cela nuire à la limpidité du sirop.

Le *sirop de merises* se prépare exactement de la même manière; il peut servir à colorer un sirop dont la couleur serait trop faible.

### *Sirop de groseilles framboisé.*

| | |
|---|---|
| Sucre, | 50 kilogrammes. |
| Conserve de groseilles, | 12 litres. |
| Vinaigre framboisé, | 1 litre 50 centil. |
| Acide tartrique, | 150 grammes. |

Filtrer ensemble la conserve, le vin et le vinaigre; les verser dans la bassine, puis opérer comme pour le sirop précédent; n'ajouter l'acide qui aura été dissous dans un demi-litre d'eau et filtré que lorsque le sirop sera retiré de dessus le feu, afin d'empêcher le sirop, par son contact avec l'acide à la chaleur, de se convertir en glucose.

Les sirops de fruits acides sont sujets à un genre d'altération tout particulier; plusieurs forment un dépôt considérable, ou même se prennent en une masse grenue, due à la séparation du sucre, lequel, redissous dans l'eau et concentré de nouveau, se trouve avoir perdu la propriété de cristalliser, et ne peut plus offrir que la masse concrète, grenue et mamelonnée du sucre de raisin; aussi est-ce véritablement de la glucose qui s'est formée par l'hydratation du sucre sans l'influence de l'acide du fruit. Les acides citriques et tartriques surtout produisent cet effet, présenté le plus souvent par les sirops de groseilles, de cerises, de framboises et de limons.

Le moyen de prévenir cette transformation est de prendre le suc de groseilles bien clarifié, d'employer du bon sucre et de chauffer ce sirop jusqu'à ce que, à travers le dégagement d'acide carbonique, on distingue nettement le bouillon du sirop, alors celui-ci se conserve bien et ne se solidifie pas.

*Autre.*

| | |
|---|---|
| Sucre raffiné blanc, | 40 kilogr. |
| Sirop de fécule à 36 degrés, | 15 litres. |
| Conserve de groseille, | 10 — |
| Vin noir de la Loire, | 9 — |
| Vinaigre framboisé, | 1 — 50. |
| Acides tartrique, | 150 gram. |

Mettre le sirop de fécule sur le sucre et opérer comme ci-dessus.

### Sirop de cerises.

Sucre raffiné blanc,   50 kilogr.
Conserve de cerises,   26 litres.

Décanter et filtrer la conserve et la verser sur le sucre dans une bassine, chauffer vivement, enlever de dessus le feu au premier bouillon, écumer et filtrer.

Si on opère dans la saison des cerises, on en prend de bien mûres, on en exprime le jus qu'on filtre après repos, et on opère ensuite comme ci-dessus.

### Sirop de framboises.

Sucre raffiné blanc,   50 kilogr.
Conserve de framboises,  26 litres.

Opérer comme pour le sirop de groseilles.
Si l'on se trouve dans la saison des framboises, on prend :

Sucre blanc,   50 kilogr.
Framboises mûres,  50 —

On fait bouillir dans une bassine en cuivre, en remuant avec une écumoire, et on passe à travers une chausse.

### Sirop de mûres.

Sucre raffiné blanc,   50 kilogr.
Mûres non en parfaite maturité, 10 —

Faire bouillir dans une bassine et passer au blanchet.

*Sirop de vinaigre framboisé.*

| | |
|---|---|
| Sucre raffiné blanc, | 50 kilogr. |
| Vinaigre framboisé, | 12 litres. |
| Conserve de merises, | 4 litres. |
| Eau pure, | 10 — |

Faire fondre le sucre avec les conserves de merises et l'eau; quand le sirop sera bouillant, l'enlever du feu, l'écumer, ajouter le vinaigre framboisé, et passer au blanchet.

*Sirop de punch au cognac.*

| | |
|---|---|
| Sucre brut martinique, | 50 kilogr. |
| Eau-de-vie cognac à 58°, | 25 litres. |
| Esprit de citron concentré, | 10 centilitres. |
| Acide citrique, | 60 grammes. |

Dans le sirop clarifié de sucre brut, on ajoute le cognac, l'esprit de citron et l'acide, et l'on conserve en vase clos.

En employant du 3/6 de même degré, au lieu de cognac, on obtient du punch ordinaire.

*Sirop de punch au kirsch.*

| | |
|---|---|
| Sucre raffiné blanc, | 50 kilogr. |
| Kirsch à 55°, | 25 litres. |

| Esprit de vin à 86°, | 4 litres. |
| — de noyaux, | 1 — |
| — de citron concentré, | 10 centilit. |
| Acide citrique, | 60 grammes. |

Opérez comme ci-dessus.

*Sirop de punch au rhum.*

| Sucre brut martinique, | 50 kilogr. |
| Rhum à 55°, | 15 litres. |
| Esprit de vin à 86°, | 10 — |
| — de citron concentré, | 10 centilit, |
| Acide citrique, | 60 grammes. |

Opérez comme ci-dessus.

### Bavaroises.

On attribue aux habitudes d'un prince bavarois l'origine de ce nom qui, chez tous les limonadiers, sert à désigner une boisson froide ou chaude, extemporanée, et que l'on peut servir à toute heure. Celle qui est préparée avec suffisante quantité d'une infusion théiforme, édulcorée avec plus ou moins de sirop de capillaire, est désignée sous le nom de *bavaroise à l'eau.*

Lorsqu'on mêle avec la même infusion théiforme parties égales de lait bouilli d'avance, toujours édulcorée avec le même sirop, on la nomme *bavaroise au lait;* quelques-uns lui donnent encore plus de consistance en y mêlant un peu de lait d'amandes.

On peut donner aux bavaroises tous les arômes désirables, en les édulcorant avec des sirops aromatisés d'une manière différente; les uns choisissent celui de cannelle, d'autres celui de vanille, d'autres enfin celui de fleurs d'oranger.

On a une *bavaroise à la grecque,* lorsqu'avec une partie du suc exprimé des fraises dans leur pleine et entière maturité, on ajoute deux parties de celui du citron pour suffisante quantité d'eau pure, qu'on édulcore avec du sucre ou du sirop de capillaire, ce qui fait une boisson acidule extrêmement agréable.

Pour avoir une *bavaroise d'orgeat,* on introduit dans une petite carafe environ 50 grammes de sirop d'orgeat frais et l'on remplit d'eau pure. Quelquefois on la prépare aussi avec de l'eau bouillante.

Si à la quantité de sirop d'orgeat ci-dessus indiquée on ajoute les mêmes proportions de lait, on a une *bavaroise d'orgeat au lait.*

### Teintures colorantes pour liqueurs.

Les couleurs n'ajoutent rien à la qualité de la liqueur. Elles n'ont été imaginées que pour satisfaire à la fantaisie des consommateurs.

Voici les manières d'obtenir les principales colorations :

*Couleur rose.*

Prenez 30 grammes de cochenille et 8 grammes d'alun de Rome, réduisez en poudre, versez dessus un quart de litre d'eau bouillante, en remuant avec une petite spatule; exposez la couleur à une douce chaleur dans un vase de verre ou de terre, ou mettez-la au bain-marie dans de l'eau bouillante pendant 3 heures et filtrez; ajoutez ensuite 25 centilitres d'alcool à 86 degrés afin de la conserver.

*Couleur rouge.*

Ajoutez à la couleur ci-dessus, avant d'y verser l'eau bouillante, 8 grammes de crême de tartre, qui a la propriété de faire virer la couleur au rouge vif.

Pour le rouge ordinaire on emploie de l'orseille, infusée dans de l'alcool à 86 degrés. Cette couleur donne une nuance cramoisie et violâtre que l'on ramène en lui ajoutant un peu de caramel.

*Couleur jaune.*

Prenez 31 grammes de safran gâtinais, versez dessus un quart de litre d'eau bouillante dans un

vase qui ferme bien, laissez refroidir et passez
avec expression; faites bouillir la même quantité
d'eau et versez-la de nouveau sur le marc de
safran, laissez refroidir et passez encore avec
expression; réunissez les deux infusions et ajoutez
un quart de litre d'alcool à 86 degrés pour conserver cette couleur.

### Couleur bleue.

Prenez 15 grammes d'indigo en poudre très-
fine que vous faites dissoudre en lui ajoutant
150 grammes d'acide sulfurique, mêlez et agitez
cette dissolution jusqu'à ce que l'effervescence
ait cessé; ajoutez alors un litre d'eau et saupou-
drez le liquide avec 250 grammes de carbonate
de chaux en remuant avec un bâton. Lorsque
l'effervescence sera terminée, laissez reposer,
décantez et filtrez. Ajoutez ensuite 20 centilitres
d'alcool à 86 degrés pour conserver cette couleur.

### Couleur verte.

Colorez la liqueur d'un bleu de ciel et ajoutez-y un peu de couleur jaune de safran.

Par le mélange proportionnel de ces deux couleurs, on peut obtenir depuis le vert le plus clair
jusqu'au vert le plus foncé.

*Couleur olive.*

Colorez la liqueur bleu de ciel et ajoutez un peu de caramel.

Cette couleur sert principalement pour colorer les absinthes.

*Couleur violette.*

Colorez la liqueur rose clair et ajoutez un peu de couleur bleue.

*Couleur pour curaçao et bitter.*

| | |
|---|---|
| Bois de Fernambouc, | 500 grammes. |
| Cochenille en poudre très-fine, | 50 — |
| Carbonate de potasse, | 2 — |
| Alun de Rome, | 50 — |
| Crême de tartre, | 40 grammes. |
| Eau commune, | 4 litres. |

Faites bouillir l'eau et le carbonate de potasse dans une bassine en cuivre rouge non étamé, ajoutez le bois de Fernambouc et la cochenille et continuez l'ébullition jusqu'à réduction de la moitié de la quantité d'eau; retirez alors du feu, ajoutez la crême de tartre et l'alun que vous aurez réduit en poudre très-fine, et passez en exprimant à travers un tamis en crin.

*L'hématine.*

L'hématine est le principe colorant du bois de

campêche. L'eau bouillante la dissout en se colorant en rouge orangé; elle est moins soluble dans l'eau que dans l'alcool. Les acides acétique et tartrique font virer au jaune la couleur produite par l'hématine; la soude, la potasse la font passer au rouge pourpre; une plus grande quantité de ces alcalis la font passer au bleu violet, ensuite au rouge obscur et au jaune brun. On obtient les mêmes effets avec la chaux et la baryte.

On obtient une couleur convenable en opérant comme suit :

Hématine en poudre, 100 grammes.
Alcool à 86 degrés, 2 litres.

Laisser infuser pendant quelques jours en remuant de temps en temps.

100 grammes d'hématine colorent très-bien 100 litres de curaçao.

## Teintures aromatiques.

### *Teinture d'ambre.*

Ambre gris, 30 grammes.
Alcool à 86 degrés, 2 litres.

Laissez macérer pendant 15 jours à une température de 20 à 30 degrés, en agitant de temps en temps, et filtrez.

## Teinture de benjoin.

Benjoin en larmes pulvérisé,  250 grammes.
Alcool à 86 degrés,          2 litres.
Opérez comme ci-dessus.

## Teinture de cachou.

Cachou du Japon,        250 grammes.
Alcool à 86 degrés,      2 litres.
Opérez comme ci-dessus.

## Teinture de musc.

Musc tonquin,           15 grammes.
Alcool à 86 degrés,      2 litres.

## Teinture de storax.

Storax calamité pulvérisé,  250 grammes.
Alcool à 86 degrés,         2 litres.
Opérez comme ci-dessus.

## Teinture de Tolu.

Beaume de Tolu,          250 grammes.
Alcool à 86 degrés,      2 litres.
Opérez comme ci-dessus.

### Vieillissement des liqueurs.

Les liqueurs acquièrent beaucoup de finesse et
de velouté en vieillissant.

Pour suppléer à l'action du temps et leur communiquer rapidement le cachet de vétusté désirable, on chauffe la liqueur au bain-marie pendant quelques instants.

La chaleur produit ainsi une digestion; elle opère une union plus intime de toutes les substances, de toutes les saveurs, et la liqueur se trouve beaucoup améliorée.

### Conservation des liqueurs.

Les liqueurs doivent être conservées dans un local ayant le plus possible une température toujours égale (15 à 20 degrés centigrades), et éloigné des bruits de voitures et des secousses.

La lumière du jour et le soleil agissent activement sur les liqueurs, en attaquant les couleurs et les précipitant au fond des bouteilles.

Les vases les plus convenables pour la conservation des liqueurs sont les tonneaux pour les grandes quantités et les vases en grès pour les petites, qui conviennent mieux que les récipients en cuivre et les bouteilles en verre.

### Substances employées par le liquoriste.

Nous croyons utile de terminer cet ouvrage par la nomenclature des principales substances employées dans la fabrication des liqueurs, avec quelques renseignements sur leur pays de production, leur choix, leurs propriétés et les moyens de reconnaître leurs falsifications.

*Abricot*. — C'est le fruit de l'abricotier, prunus armeniaca, originaire de l'Arménie. Ses fleurs ont une odeur d'acide prussique; on en retire par la distillation une liqueur qu'on nomme créole. On connaît plusieurs espèces de ce fruit.

La variété cultivée en plein vent est plus sucrée, plus savoureuse et doit être choisie de préférence. On emploie l'abricot avant sa parfaite maturité et entièrement privé de taches. Ceux de Triel et de Clermont-Ferrand sont en réputation parmi les liquoristes.

*Absinthe*. — C'est une plante vivace qui croît naturellement dans les terrains incultes et arides, principalement dans les Alpes, le Midi de la France, les Pyrénées, etc. La hauteur de sa tige ne dépasse pas trois pieds; ses feuilles sont glauques et fortement découpées; les fleurs sont petites, globuleuses, jaunâtres et placées au sommet des ramifications de la tige. Elle est d'une amertume insupportable et d'une odeur particulièrement aromatique. On ne fait usage que des feuilles et des sommités fleuries, qui sont considérées comme un bon stomachique propre à faciliter la digestion, un fébrifuge, etc.

La récolte de cette plante se fait deux fois par an. La première coupe est préférable. On emploie encore la petite absinthe pontique, qui est plus rare et qui a les mêmes propriétés, l'absinthe maritime et le génépi.

*Agaric blanc.* — Plante de la famille des champignons, qui croît sur le tronc et les grosses branches de différents arbres, particulièrement sur le mélèze. Sa forme ressemble à celle d'un sabot de cheval. Il est dur, spongieux, blanchâtre. Celui du commerce, qui vient de l'Asie, est blanc, léger, poreux, dépouillé de sa pellicule extérieure, d'un goût vif et d'une odeur pénétrante. C'est un purgatif violent.

*Aloès.* — Le suc d'aloès est le produit d'un végétal qui croît dans les pays chauds et qui donne une gomme-résine dont on distingue trois sortes : 1º L'*aloès succotrin*, ainsi nommé de l'île de Succotra qui fournissait anciennement le meilleur. Il est jaunâtre au dehors, rougeâtre au dedans, et très-luisant ; il a une odeur particulière ressemblant à celle d'une pomme pourrie ; sa saveur est très-amère et persistante. Réduit en poudre, il est d'une couleur jaune d'or. C'est un purgatif et un vermifuge. 2º L'*aloès hépatique*, est jaune, plus amer et d'une odeur plus agréable que le précédent. 3º L'*aloès cabalin*, ainsi nommé, parce qu'il est recommandé pour les chevaux, est noir, impur, d'une odeur fétide, et ne doit pas être employé par le liquoriste.

*Ambre gris.* — Sa nature est encore peu connue; on le trouve flottant sur la mer aux environs des îles Moluques, sur les côtes du Brésil, d'Afrique, de la Chine et du Japon. C'est une matière concrète, tenace comme la cire, d'une odeur suave quand on la frotte ou la chauffe; il doit être gris, sec, léger, de couleur cendrée. On reconnaît qu'il n'est point falsifié quand il surnage sur l'eau et se fond à la flamme d'une bougie sans donner de bulles ni d'écume. Dissous dans l'alcool à chaud, il donne la teinture d'ambre. Il est stomachique et cordial; il sert surtout pour les parfums. Il est parfois imité par un mélange de résine et de baume.

*Ambrette.* — Cette graine, connue dans le commerce sous le nom d'ambrette, d'abelmosch ou de graine de musc, est d'une odeur agréable qui approche de celle du musc; elle se trouve dans un fruit qui croît sur l'abelmosch, plante originaire de l'Inde. Ces semences viennent de la Martinique. Elles sont petites, brunes, irrégulières et ressemblent à la semence de choux. On les emploie comme parfum.

*Ananas.* — Fruit délicieux par son parfum et

son goût exquis, originaire des Indes, mais qui vient dans plusieurs contrées du monde.

*Aneth*. — Plante annuelle ressemblant au fenouil, mais d'une odeur moins agréable, ce qui lui a fait donner le nom de fenouil puant. Ses semences, qui sont seules employées dans les liqueurs, sont allongées et un peu comprimées, d'une odeur forte, d'un goût piquant, aromatique et âcre.

*Angélique*. — Cette plante croît dans les montagnes du Midi de la France; on la cultive aussi dans les jardins.

On emploie la racine et les graines dans les liqueurs. La racine doit être grosse, rameuse, charnue, noirâtre et ridée à l'extérieur, blanche à l'intérieur, entière et non vermoulue, d'une odeur suave, d'un goût âcre et aromatique. Les semences sont ovoïdes, longues, blanchâtres et très-légères. Elles sont regardées comme stomachiques, cordiales et vulnéraires, propriétés d'où la plante tire son nom.

*Anis vert*. — Plante annuelle, originaire du Levant et cultivée aujourd'hui en Europe. Le liquoriste emploie ses semences, qui sont petites, arrondies, terminées en pointe et cannelées, d'une couleur verdâtre, recouvertes d'un court duvet grisâtre; leur odeur est aromatique, leur saveur, sucrée et pénétrante. Il est carminatif, cordial, stomachique et digestif.

L'anis se cultive en France, particulièrement dans la Touraine, les environs d'Ably et de Cahors. Le plus estimé vient de Malte et d'Espagne. On reconnaît que l'anis est falsifié avec d'autres graines, notamment celles de céleri vieilles, en le projetant dans l'eau ; les vraies graines tombent au fond.

*Anis étoilé ou Badiane.* — C'est le fruit de l'*Ilicium anisatum,* qui croît à la Chine, au Japon, dans la grande Tartarie, les îles Philippines, les Indes occidentales, etc. Le fruit a presque la forme d'une étoile; il est formé par la réunion de six à douze capsules, épaisses, dures, ligneuses, d'une couleur brunâtre, et contenant chacune une semence ovale, rougeâtre, lisse et fragile, qui renferme elle-même une amande blanchâtre et huileuse.

La badiane répand une odeur agréable analogue à celle de l'anis vert; sa saveur est un peu âcre, aromatique et sucrée; celle de la graine est plus faible. C'est un puissant diurétique. Les Chinois en mâchent après le repas, pour faciliter la digestion, se parfumer la bouche et se fortifier l'estomac.

*Balsamite.* — Plante vulgaire des jardins, appelée aussi Grand baume ou Coq des jardins. Elle a une odeur très-forte, aromatique et agréable, une saveur chaude et amère. C'est un vermifuge.

*Basilic.*— Plante annuelle, originaire de l'Inde, cultivée dans nos jardins. Il y en a plusieurs sortes. La grande espèce seule est employée. Elle est excitante et tonique.

*Baume du Pérou.* — Suc d'un grand arbre qui croît dans l'Amérique méridionale. On en distingue trois sortes : le blanc, le roux et le noir. Ce dernier, qui est le plus commun, s'obtient par la décoction des branches et de l'écorce du myroxylum perniferum. Il est rougeâtre brun-foncé, sirupeux, d'une saveur âcre et amère, d'une odeur forte et agréable. Il est quelquefois falsifié avec la seconde huile de benjoin ou avec la résine de copahu ; ces fraudes sont faciles à reconnaître. Cette substance est excitante.

*Baume de Tolu.* — Substance balsamique qu'on recueille par incision de l'écorce du myroxylum toluiferum ; il vient de l'Amérique méridionale et spécialement de la ville de Tolu. On l'appelle aussi baume d'Amérique. Il est liquide, transparent, se dessèche à l'air et devient cassant ; il a un goût doux et agréable, une odeur suave, sa couleur est tantôt jaune, tantôt blond-roussâtre Il est pectoral.

*Benjoin*. — Ce baume est obtenu par incision du styrax benjoin, qui croît à Sumatra, à Java et quelques autres îles de la Sonde. Il y en a deux espèces : le benjoin en *larmes*, en forme de larmes ovoïdes et blanchâtres; le benjoin en *sorte*, en masse d'un brun rougeâtre. La première espèce est plus pure et doit être employée de préférence. Le benjoin est stimulant et tonique. Il a une odeur suave, approchant de la vanille. Sa fumée condensée donne l'acide benzoïque. Dissous dans l'alcool, il donne la teinture de benjoin ; en y ajoutant de l'eau, on a le lait virginal.

*Bergamotte*. — Variété de citron. C'est le produit d'un citronnier enté sur un poirier bergamotte. Son écorce est unie comme l'orange de Portugal. Son arôme est agréable et fort; son suc est légèrement acide.

*Bigarade.* — Ce fruit, produit par le bigaradier commun, est amer et acide; sa couleur est verte et devient jaune-pâle en mûrissant.

Les chinois qui arrivent confits du Midi de la France, ne sont autres que des bigarades cueillies avant maturité.

*Bois de Brésil.* — Ce bois est produit par un grand arbre de l'Amérique méridionale; il est oncé en couleur et inodore; il a les mêmes caractères que le bois de Fernambouc et sert à la coloration des liqueurs.

*Bois de Fernambouc.* — Variété du bois de Brésil, plus riche en matière colorante. Il tire son nom de la ville de Fernambouc, d'où on l'expédie.

*Brou de noix.* — Enveloppe verte et charnue qui entoure la noix. Elle donne une matière brune colorante; la liqueur qu'on en prépare est tonique et stomachique. On prend le brou avant que la noix soit entièrement formée, de manière qu'une épingle puisse la traverser.

*Calament.* — Plante qui croit naturellement dans les localités pierreuses de l'Europe méridionale elle a une odeur agréable; qui ressemble à celle de la mélisse, et la propriété d'être stimulante et antispasmodique.

*Calamus.* — Plante croissant sur les bords des fossés et des étangs; sa racine desséchée, employée sous le nom de *Calamus aromaticus,* a une odeur aromatique particulière très-agréable; elle est fortifiante et digestive.

*Capillaire.* — On distingue celui de Montpellier et celui du Canada. On préfère celui du Canada, qui a une odeur plus agréable et une saveur plus douce.

*Cardamome.* — Fruits capsulaires venant des Indes orientales. Deux sortes sont employées pour les liqueurs : le *cardamome mineur*, d'une saveur et d'une odeur vives et pénétrantes, et le *cardamome majeur*, dont les graines sont aromatiques au plus haut degré. Le cardamome est carminatif.

*Carvi*. — Plante qui croît dans les prairies et les montagnes du Midi de la France; ses semences, d'un vert obscur, ont une odeur analogue à celle du cumin et une saveur âcre, chaude et piquante.

*Cascarille*. — Ecorce fournie par un arbrisseau de diverses contrées de l'Amérique méridionale; elle est brune, d'une odeur très-agréable; sa saveur est aromatique, amère et légèrement âcre; elle est excitante et tonique.

*Cédrat*. — Variété du citron, mais plus gros, plus odorant et plus aromatique.

*Céleri*. — On emploie les semences qui ont une couleur grise, une saveur âcre et une odeur aromatique, et qui sont excitantes et opératives.

*Centaurée* (petite). — Plante qui croît dans les bois; son amertume est très-forte. Elle est vermifuge et stomachique.

*Chardon bénit*. — Plante des champs, amère et fébrifuge.

*Chervi*. — Semence qui a beaucoup d'analogie avec celle de fenouil, mais plus fine et de couleur sombre; elle est apéritive et vulnéraire.

*Chinois*. — Petites oranges arrivant toutes

confites de la Provence et principalement de Marseille. Les meilleurs sont ceux d'un beau vert clair et d'une consistance ferme.

*Citron.* Fruit appelé aussi limon; les plus convenables pour le liquoriste ont l'écorce épaisse et tendre.

*Cochenille.*—Insecte originaire du Mexique, de couleur noire ou grise, jaspée ou argentée. La falsification de la cochenille se reconnaît en la faisant macérer dans l'eau tiède; l'insecte se gonfle et la poudre étrangère se rassemble au fond du vase.

*Cudbéar.* — Poudre sèche colorante fabriquée en Angleterre au moyen du lichen des Canaries, macéré dans de l'ammoniaque caustique faible. On l'emploie comme l'orseille auquel on le préfère.

*Cumin.* — Semence fournie par une plante originaire d'Égypte, très-cultivée maintenant en Europe, d'un brun pâle, d'une odeur forte et d'une saveur âcre, chaude et désagréable. Elle est plus stimulante que l'anis et le fenouil.

*Curaçao de Hollande.* — Zestes ou écorces très-aromatiques d'une orange particulière croissant dans l'île de Curaçao; elles doivent être peu épaisses et d'une couleur vert bronzé. Celles de Curaçao Carton, plus communes, ont une valeur vénale quatre fois moindre.

*Curaçao commun* ou *Carton*. — Ecorce sèche, épaisse et peu parfumée de l'orange du bigaradier commun; le commerce fournit encore du curaçao commun en rubans, c'est-à-dire tourné et complètement privé de pellicule blanche, auquel on donne la préférence.

*Curaçao doux*. — Ecorces d'oranges, amère et fortement aromatique, même desséchées. Il en existe aussi en rubans.

*Daucus de Crète*. — Semences d'une plante qui croît dans le Midi de l'Europe, d'une saveur aromatique, d'une odeur douce et agréable; elles sont hystériques et carminatives.

*Fenouil*. — Plante herbacée qui croît dans les lieux pierreux des contrées méridionales de l'Europe; sa semence a une odeur agréable et une saveur sucrée un peu âcre. Le liquoriste préfère celui dit de Florence, qui se cultive beaucoup en Languedoc.

*Fève-tonka*. — Fruit brun-noirâtre, odorant et agréable au goût, produit par un arbre qui croît dans les forêts de la Guyane.

*Galanga*. — Racine rougeâtre d'une plante des Indes que l'on apporte sèche en Europe; il y a la majeure et la mineure; c'est cette dernrère qui convient au liquoriste.

*Gayac*. — Arbre qui croît à Saint-Domingue et

aux Antilles, dont on extrait une résine d'une odeur agréable, mais d'une saveur âcre; soluble dans l'alcool et l'éther, presque inattaquable par l'eau, très-excitante et stimulante.

*Génépy*. — Plante qu'on appelle aussi absinthe des Alpes et qui croît sous la neige de ces montagnes; elle a une saveur amère et une odeur pénétrante et aromatique.

*Germandrée*. — Petite plante sauvage, appelée aussi petit chêne, très-amère et par suite tonique et stomachique. Pour l'employer, il la faut fleurie.

*Gomme adragante*. — Résine fournie par l'écorce de deux arbrisseaux épineux, qui croissent en Orient, elle est dure, luisante, légère, difficile à piler, inodore, fade, inaltérable à l'air, insoluble dans l'alcool, très-soluble dans l'eau. Il vaut mieux l'acheter en pièces qu'en poudre, pour éviter les falsifications.

*Hysope*. — Plante des jardins, ayant une odeur aromatique assez forte et une saveur amère, un peu âcre; elle est très-excitante. Le liquoriste emploie de préférence les sommités fleuries bien sèches, privées de feuilles et de fleurs noirâtres.

*Iris de Florence*. — La racine d'iris de Florence est blanche, très-pesante, d'une saveur âcre et amère, et d'une odeur de violette très-prononcée.

*Laurier franc* ou *laurier sauce.* — Arbre des pays chauds; ses feuilles, d'un vert vif en dessus et plus pâle en dessous, sont aromatiques, amères et piquantes.

*Macis.* — Seconde enveloppe du fruit du muscadier, rouge lorsqu'elle est récente, jaunâtre étant desséchée; elle est odorante et âcre.

*Mélisse.* — Plante du Midi de l'Europe, cultivée aussi dans les jardins, elle a une odeur suave ressemblant à celle du limon, et un goût âcre. Ses feuilles servent de base à l'eau dite des carmes, elles sont excitantes et antispasmodiques.

*Menthe poivrée.* — Plante aromatique originaire de la Grande-Bretagne et cultivée généralement dans les jardins de notre continent; son odeur est très-agréable, sa saveur est un peu piquante et laisse sur le palais une sensation de fraîcheur; elle renferme en abondance une huile volatile, qui sert à aromatiser de nombreuses compositions. Elle est antispasmodique et éminemment excitante.

*Musc.* — Matière onctueuse d'un brun noirâtre, d'une odeur forte et d'un goût amer, fournie par une espèce de chevreuil habitant les montagnes de l'Asie centrale. La meilleure qualité de musc provient de Tonquin. La cherté de ce parfum a introduit de nombreuses falsifications dans le commerce de cette substance; souvent la bourse qui le fournit, après qu'on en a extrait la matière odoriférante, est remplie de sang desséché ou de bitume. On reconnaît la première de ces sophistications en l'humectant et en l'exposant à une suffisante température, car alors le sang devient très-fétide; dans la seconde, l'asphalte brûle avec une flamme, tandis que le musc vrai est converti en charbon sans aucune trace de flamme. Le musc est tonique et antispasmodique.

*Myrobolans* — Fruits de divers végétaux originaires de l'Inde; allongés en forme d'olive, de la grosseur d'une datte, luisants, brunâtres; leur substance est brunâtre, croquante et acidule.

*Myrrhe.* — Gomme-résine qui découle par incision d'un végétal commun en Arabie; sa saveur est âcre, amère, son odeur très-agréable et fortement aromatique. La myrrhe du commerce est en larmes rougeâtres, ou brunes, ou jaunâtres, demi-transparentes; les premières sont les meilleures.

*Origan.* — Plante très-commune en Europe, ayant de petites feuilles velues et des fleurs d'une couleur rougeâtre; toute la plante est douée d'une odeur aromatique très-prononcée, semblable au serpolet, sa saveur est amère; elle est stimulante et résolutive.

*Orseille.* — Substance colorante tirée de différentes plantes de la famille des lichens, très-communes aux îles Canaries, dans les Pyrénées et dans les montagnes de l'Auvergne. On pulvérise ces plantes et on en fait une pâte avec de l'urine, en y ajoutant de la soude, de la potasse, ou un autre alcali quelconque. On l'emploie pour la coloration des liqueurs.

*Pulmonaire officinale.* — Plante fort abondante dans les bois, où elle fleurit dès le premier printemps; ses fleurs sont versicolores, c'est-à-dire qu'elles passent du bleu au pourpre; elle est employée dans les maladies des poumons.

*Quinquina.* — Ecorce de plusieurs arbres appartenant au genre *cinchona,* qui croissent dans toute l'Amérique méridionale. On doit employer de préférence le quinquina rouge; sa texture est fibreuse, très-rugueuse à l'extérieur; sa saveur est très-amère et astringente.

*Rue odorante.* — Arbuste indigène du midi de l'Europe, que l'on cultive dans nos jardins; elle a une odeur désagréable, une saveur nauséabonde, âcre et un peu amère. Cette plante est sudorifique et carminative.

*Safan.* — Stigmate d'une plante bulbeuse, que l'on cultive en Espagne et en France; elle est en filaments longs, souples, d'une couleur rouge, d'une odeur aromatique, agréable, vive et pénétrante; il doit être dans un état moyen d'humidité; il est carminatif et cordial.

*Santal.* — Bois des Indes d'une couleur jaune ou rouge, toujours plus foncé au centre qu'à la circonférence, d'une odeur assez forte, agréable et d'un goût amer, astringent.

*Sassafras.* — Bois jaunâtre, odorant, d'un arbre apporté d'Amérique; l'écorce, d'une couleur de rouille, est beaucoup plus aromatique que le bois, qui est léger et poreux, d'une odeur forte et agréable. Le bois de Sassafras en copeaux est souvent mélangé; on doit employer de préférence celui en morceaux entiers.

*Sauge.* — Plante aromatique que l'on cultive dans les jardins, ses fruits ont une odeur forte, une saveur un peu amère et septique; il y a la grande et la petite sauge, dont la dernière mérite la préférence. La sauge est stimulante et stomachique.

*Serpolet.* — Petite plante très-abondante dans les bois et sur les pelouses exposées au soleil, douée d'une odeur aromatique et d'une saveur légèrement camphrée, jouissant des propriétés attribuées à la mélisse et à l'origan.

10

*Storax calamite.* — Baume qui découle par incision d'un arbrisseau qui croît dans certaines régions méditerrannéennes, d'une couleur rouge-brun, d'un aspect brillant et résineux, d'une odeur suave rappelant celle de la vanille, soluble presqu'en totalité dans l'alcool à 90 degrés. La falsification de ce produit par des résines communes est facile à reconnaître à sa couleur noire, et à son odeur peu suave, et surtout à sa dissolution partielle dans l'alcool, où elle laisse diverses impuretés.

*Tanaisie.* — Plante très-abondante dans les lieux incultes de l'Europe, elle a des feuilles dentelées, de couleur vert-jaunâtre, des fleurs d'une belle couleur jaune-doré et luisante. Les feuilles et les sommités fleuries ont, lorsqu'on les frotte entre les mains, une forte odeur aromatique; leur saveur est amère et âcre. Cette plante est stimulante et carminative.

*Tubéreuse.* — Plante originaire de l'Amérique et cultivée dans nos jardins; ses fleurs exhalent une odeur fort agréable, mais qui détermine une sorte de narcotisme chez les personnes nerveuses.

**FIN.**

# TABLES DES MATIÈRES.

## Fabrication des liqueurs.

# Recettes pour la fabrication des liqueurs fines par distillation.

## Recettes pour la fabrication des liqueurs fines sans distillation.

**Recettes pour la fabrication des liqueurs demi-fines par distillation.**



**Recettes pour la fabrication des liqueurs demi-fines sans distillation.**

## Recettes pour la fabrication des liqueurs fines par essences.

# Recettes pour la fabrication des liqueurs demi-fines par essences.



## Liqueurs ordinaires.



## Infusions.

## Des sirops.



## Teintures colorantes pour liqueurs.



## Teintures aromatiques.

FIN DE LA TABLE.